元検事の目から見た「安田種雄氏不審死事件」の真相解明にむけて

村上 康聡

はじめに

「安田種雄氏不審死事件」とは、安田種雄氏が２００６年に不審死した事件のことです。この安田種雄氏の当時の妻が木原誠二元官房副長官の現在の妻であるため、マスコミでは「木原事件」と呼ばれることが多いようです。

この事件の最大のポイントは、安田種雄氏の不審死について事件性があるのか、犯人は誰なのか、という点です。この事件は、２０２３年12月に警視庁大塚警察署長から東京地方検察庁検事正に対して被疑者不詳の殺人事件として送付（送致）され、現在、東京地方検察庁刑事部の検事において捜査中であり、まだ結論が出ていません。

まず、事件の概略を整理しましょう。

２００６年4月10日未明、東京都文京区大塚の2階建て住宅の2階居間で、ここの住民である安田種雄氏が喉から右肺下方に向けて刺されて倒れているのを、深夜、同宅を訪れた種雄氏の父親によって発見され、警察に通報された事件がありました。

種雄氏は、当時28歳であり、２００1年に結婚した女性との間に一男一女をもうけていました。

本件の捜査は管轄の警視庁大塚警察署が行うこととなり、同署は直ちに東京地方検察庁に連絡し、検事は裁判官から遺体の司法解剖に関する鑑定処分許可状の発付を受け、これに基づき、同月11日、東京大学法医学教室医師により司法解剖が行われましたが、その前後頃に作成された死体検案書には、死因について「不詳」との記載があり、自殺とは記載されていませんでした。

他方で、種雄氏の父親は、大塚警察署の警察官から、司法解剖される前に、種雄氏は自殺したかのようなことを言われていました。

この事件当時、妻とその子供たちは同じ自宅の別の部屋にいたようでした。

このような事件が発生したにもかかわらず、大塚警察署は本件について警視庁捜査一課や本部の鑑識課に連絡した形跡はなく、現場に臨場した鑑識は大塚警察署の鑑識の者であり、現場で実況見分や検証が行われた形跡もありませんでした。

他方、種雄氏の妻の父親は、当時、警視庁の現職の警察官であり、その自宅は本件現場近くにありました。

この父親は、種雄氏が亡くなる前日の同月9日、一人で大塚警察署生活安全課を訪れ、種雄氏の妻に対する暴力について相談していました。

また、司法解剖の結果、種雄氏の体内から覚醒剤の成分が検出されました。

そして、種雄氏が死亡しているにもかかわらず、大塚警察署は、種雄氏死亡後にこの自宅を種雄氏に対する覚醒剤取締法違反容疑で捜索差押許可状に基づき捜索し、覚醒剤と思われるものが入っている血の付いたビニール袋（パケ）を押収しました。つまり、このパケは、種雄氏不審死事件の証拠品としては押収されず、生前の種雄氏に対する覚醒剤取締法違反事件の証拠品として押収されたようです。

　この覚醒剤取締法違反事件と証拠品は、間もなく、大塚警察署から東京地方検察庁に送付され、検事は被疑者死亡として不起訴処分にし、このパケについては同事件の終結に伴い廃棄処分にしたのではないかと推察されます。

　ところが、この不審死事件は、その後検察庁に送致されることなく時が経過し、12年後の２０１８年、当時大塚警察署刑事課に勤務していた女性警察官が現場にあった刃物への血の付き方に不審があるなどとして捜査が再開されることとなり、警視庁本部の捜査一課の警察官30人以上の規模で臨むことになりました。

　そして、捜査一課の警察官らは、他県で捜索差押許可状を執行したり、事件当時種雄氏の妻で、後に自民党の要職にあった衆議院議員木原誠二氏の妻となっていたX子の任意の事情聴取を行い、彼女と事件当時交際していたという宮崎刑務所に服役中の男性Yの事情聴取も行いました。

　しかし、「国会が始まると木原氏が子供の面倒が見られない。」などの理由によりX子への事情聴取は同年10月下旬の臨時国会前にいったん打ち切られ、同年12月に国会が閉会になったにもかかわらず、その後捜査が再開されることはありませんでした。

　その後も事件は検察庁に送致されることはなく、木原氏は岸田政権で内閣官房副長官に就任したことから、２０２３年に入り、『週刊文春』が、木原氏がこの再捜査潰しに暗躍したかのような記事を掲載するとともに、この事件の捜査の不可解な点を報じたことから、広く世に知られることになったのです。

これに対して、２０２３年7月5日、木原氏が『週刊文春』関係者を名誉毀損罪で告訴すると表明しました。

その後、同年7月13日、警察庁の露木康浩長官は、記者会見で、この事件について「警視庁において、捜査等の結果、証拠上事件性が認められない旨を明らかにしているので、人権上の理由から、事案の詳細についてお答えをすることを差し控えたい。」と発言しました。

これに対して、同月20日、種雄氏の遺族である父親は、都内の司法記者クラブで記者会見し、「死亡の経緯があまりにも不可解だった。憶測ではなく、死亡の真相を一日も早く知りたい。」と訴えて警視庁に再捜査を求め、姉の一人も「弟に自殺する動機が思い当たらない。」と話しました。

さらに、同月28日、２０１８年当時X子を取り調べた警視庁捜査一課元警部補の佐藤誠氏が東京・紀尾井町の文藝春秋社で記者会見し、「断言しますけど、事件性はありですからね。あれを見て事件性がないという警察官は多分いないと思う。」などと述べました。

既に警察を退職していた佐藤氏は、警察庁長官の発言に対し「頭に来きた。当時から我々はホシを上げる為に全力で捜査してきた。なのに、志半ばで捜査を中断させられたんだ。」とも語り、また、当時、木原氏から「国会の召集日（10月24日）までに取り調べは終わらせろ。」と言われ、そして、２０１８年10月下旬になると、上司の捜査一課管理官から「明日ですべて終わりだ。」と告げられ、警察の捜査がストップしたとも発言したのです。

すると、佐藤氏が会見した同じ日、今度は警視庁捜査一課の国府田剛課長が「証拠上事件性は認められず、死因は自殺と考えて矛盾はない。」と更に踏み込んだコメントを出しました。

ところが、事件性が認められないと言いながら、事件はその後も検察庁に送致されることがなかったため、種雄氏の遺族は、２０２３年10月25日、この事件について被疑者不詳のまま殺人罪で警視庁大塚警察署に告訴状を提出し、間もなく受理されました。

しかし、警視庁大塚警察署は、その後一か月あまりしか経過していないのに、同年12月15日、事件性は認められないとする意見を付けて事件と証拠を東京地方検察庁に送付（送致）したのです。

この事件は、現在、東京地方検察庁刑事部の本部係検事が担当しているようです。事件性がない、すなわち、自殺の疑いがあるということであれば、検事もこの意見に従って早急に嫌疑不十分で不起訴処分にするのが普通です。ところが、送付から数か月も経過しているのにいまだに検事がこの事件の処分をしたとの報に接していません。

このことはいったい何を意味するのでしょうか。

この事件は、本当に警察庁長官が発言したように事件性が認められない事件なのでしようか。

私は、かつて、23年間検事として勤務し、その間、警視庁捜査一課、鑑識課などと殺人事件等の捜査を行ったことが何度かありますが、私の経験から見ても、警察の動きにはかなり疑問な点が認められます。

その後、この捜査に対して疑念を抱く人たちがユーチューブなどで発信し始めましたが、新聞、テレビはこれについて報じることがほとんどなく、これについても批判が寄せられました。

そのような中、特定非営利活動法人日本リスクマネージャー&コンサルタント協会（通称ＲＭＣＡ）から依頼され、同協会が主催するユーチューブ番組のＲＭＣＡチャンネルに私がゲスト出演して、この事件の捜査の問題と今後の進め方について２０２３年７月から数回にわたって話してきました。

この本は、出版社から依頼を受け、私がＲＭＣＡチャンネルで話した内容を再構成してまとめたものです。

２０２４年11月吉日

村上　康聡

目次

第1章　不自然な警察庁長官と捜査一課長の発言

リスクマネジメント・ジャーナル　第１６６回

２０２３年８月22日公開

◆私がこの事件に興味を持った理由

私がこの問題の報道で一番衝撃的だったのは、7月28日に、２０１８年に再捜査に携わった元警視庁捜査一課警部補の佐藤誠氏が『週刊文春』の仕切りで記者会見をしたことです。これは、非常に大きなインパクトがありました。

私の経験に基づくと、元警察官が会見するというのは警察内部に対する何らかの不満があってそれを告発するのかなと思ったのですが、実際の会見を見ると、非常に重要な内容について真摯に語っていると感じ、かなり異例な会見だと思いました。

その前に、7月13日の記者会見で露木康浩警察庁長官は「捜査等の結果、証拠上、事件性が認められないと警視庁が明らかにしている。」と発言しています。

実は、私が気になったのは、佐藤誠氏の会見の後に行われた警視庁捜査一課の課長の発言です。この方はその前に鑑識課長もしている経歴があるのに「証拠上事件性は認められず、死因は自殺と考えて矛盾はない。」と発言しているのです。

警察は、事件性があるかないかについて捜査して判断するわけであって、死因が自殺かどうかということについては、本来は認定もしなければコメントもしません。にもかかわらず、捜査一課長が「死因は自殺と考えて矛盾はない。」というような、捜査の現場に携わった者からすると不可解なことまで踏み込んで言ってしまったのが気になったのです。言い過ぎというか、わざわざコメントする必要もないことをコメントしているということです。

警察は普通「自殺と考えて矛盾はない。」というコメントはしません。それをあえて不可解なところまで踏み込んで言ったというのは、今の捜査一課長の難しい立場、実は苦しいんだという立場を吐露したのかなと思いました。

今回の事件に関しては、事件の処理の仕方が非常に不可解です。

遺族は２０２３年7月20日の記者会見で「再捜査をお願いしたい」と言っています。しかし、警察は「事件性はない。」と言っていますから、もう組織としてやらないことははっきりしています。「繰り返し捜査して下さい」と陳情したとしても、組織としては動かないと思います。

とすると、方法論としては、検察庁をどう動かすか、ということになります。

そこでポイントになることを言いますと、この事件が発生した当時、おそらく死体については変死体ということで司法解剖されていると思います。

司法解剖というのは、本来都道府県にある各警察署が裁判所に対して鑑定処分許可状を請求し、その令状をもらって、執刀する大学病院の医師に嘱託して行います。

しかし、警視庁管内だけは、東京地検が令状請求するという扱いになっています。つまり、東京地検が令状請求するということは、その段階で東京地検として事件を認知して立件し、その事件番号を立てますので、この事件が起訴された場合、起訴状の右上には検察庁が認知立件した事件番号と後日警視庁が検察庁に事件を送致した事件番号と2つ併記されることになります。

検察庁は、認知立件した以上、検察事件としてその事件を処理しなければなりません。しかし、今回の事件については、認知立件した後はいわゆる未解決事件という形で宙に浮いていた状態だったのではないかと想像します。

警察も、当初の段階では自殺と結論付けていなかったと思います。おそらく中途半端な形で宙に浮いていた事件を、女性刑事が不審に思って踏み込むようになって、再捜査が始まり、それまでは大塚警察署が単独でやっていた捜査に途中から捜査一課が入ってきたという流れだと思います。

警察が父親に、もし自殺と言ったのであれば、遺族に対して嘘をついた可能性も問題になります。どの段階で遺族にどういう説明をしたのか分かりませんが、ただ捜査の流れからすると、2018年に捜査が再開されているということは、この段階で凶器となった刃物などのいろいろな証拠品は警察のところにあり、また、捜索差押許可状も取って執行しているわけですから、まだ事件とすると自殺と認定して終わらせてはいません。つまり、まだ事件とすると、検察庁がその認知立件した事件番号と警視庁が立件した事件番号がまだ両方あるという状況だったのではないかと思います。

ところが、その後に警察捜査が事実上打ち切られたことやその後の警察庁長官の発言、捜査一課長の発言を踏まえると、警察とするともう終わりにしたということですから、これらの発言の前のどこかの段階で事件を検察庁に送っていないとおかしいと思います。

もし送っているとすると、おそらく「被疑者不詳」という形で送っていると思います。そして、警察が検察庁に事件を送った際に、その記録の中に、警察の係長が総合捜査報告書というものを書いて付けているはずです。その中に「死因は自殺と考えて矛盾はない。」というような表現が入っていると思います。そして、検察は、その報告書を信用して、嫌疑不十分ということで検察事件も警察事件も既に不起訴にしている可能性があります。

ということは、証拠品としての凶器と考えられる刃物その他の重要証拠が実はもう既に検察庁で廃棄処分されてなくなっているのではないかと心配しています。

証拠品は、事件が不起訴処分されると廃棄されてしまうことがあるからです。所有者が所有権を放棄している場合には、所有権放棄ということで処分されてしまいます。

要は、事件が終結したときには、検事は、証拠品を返すか、処分するかを決めなければなりません。遺族が「何も返されてない。」と言っているとすれば、誰かが所有権放棄をしていたため処分されているのかもしれません。事件として検察庁に送られて終了ということであれば、証拠品が処分されていないということは通常はありえないことです。

そうすると、もう証拠がないという状況だと、遺族が再捜査してほしいと言っても、検察はもう動けない。しかし、写真とかいろいろなものがあると思われるので、それで代替できるのではないかと思います。

ただ、仮にこの事件が、後に被疑者が特定され、否認のまま起訴されて裁判になって犯人性が疑われた場合には、凶器となった現物がないなどとして争われる余地も十分に出てくると思います。

とは言え、再捜査に関して絶望的ということではなくて、仮に証拠品が処分されていたとしても再捜査がきちんとできる可能性はまだあります。

◆遺族ができる申し出の方法は2つ

警察はもう捜査しないと言っているのですが、遺族ができる方法は2つあります。

一つは、被疑者不詳としたり、被疑者を特定してもいいですが、遺族として殺人罪で検察に告訴するということです。

このとき、検察庁がその告訴についてどう対応するのかが一つの判断材料になります。もし事件としてすでに不起訴にしているのであれば、「もう不起訴にしているから受理できません。」と言われるかもしれないし、あるいは、受理しても「一回不起訴にしているから、同じように不起訴処分になりますよ。」と説明されるかもしれません。

また、検察では「再起」という方法があります。いったん不起訴になった事件であっても、もう一回事件としてやろうということで再起して捜査するということです。それは主任検事が決めることになります。再起は、不起訴にした後に事情の変化があったので捜査する必要があるということです。捜査した結果、同じ結論になるかもしれないけれども、再起するということは十分ありえます。そして、再起の場合、検事が警察を指揮して捜査する場合と検察庁が独自で捜査する場合の2つが考えられます。

それに対して警察がどのような対応するのかというのは見ものです。検察がやると言ったら協力しなくてはいけないからです。元々検察庁が鑑定処分許可状を請求している事件ですから、「死因は自殺と考えて矛盾はない。」ということを信用して検察庁が不起訴にしているのであれば、検察は警察に騙された形になります。

司法解剖の予算は警察庁予算と法務省予算と2つに分かれていて、東京地検の場合は法務省予算で行われることにより謝金が高い状況にあります。ですから、もし東京地検が警察に騙されたと怒ったら、「司法解剖については今後は全部警察庁予算でやって下さい。」ということになると警察としては困るわけです。予算が取れない。このようなこともあって、再起の場合に検事から指示を受けたら、やはり警察としても捜査せざるを得ないと思います。

また、警察から検察庁に事件を送るときに必ず係長が書く報告書がついています。その内容に虚偽が含まれているとして、虚偽公文書作成罪、同行使罪で検察庁に告発するという方法もあります。虚偽公文書作成罪の時効は7年ですので、もし再捜査した2018年以降に事件を送致しているのでしたら、虚偽公文書作成罪と同行使罪はまだ時効にはなっていません。

この場合、被疑者は誰かというと、その報告書を書いた本人、つまり大塚警察署の係長だと思います。それに対しては課長代理も課長も決裁し、最終的に署長の名前で事件が検察庁に送られるわけですから、そういう人たちが一気に被疑者という形になります。

◆死因究明推進基本法

最後にもう一点申し上げると、２０１９年に【死因究明推進基本法】という法律ができました。死因究明に関して、政府として非常に重要なことだということで成立した法律ですから、この法律に基づいた対応を警察がしっかりやっていなければ、遺族から東京都に対して死因究明推進基本法に違反するということで損害賠償請求がなされる可能性もあります。

２０１８年で捜査が止まってしまっています。その理由は分かりませんが、もし誰か止めた人がいた場合に、その止めたことに関して罪に問うのは現時点では難しいでしょう。犯人を匿ったということで犯人隠避罪に該当する可能性はありますが、公訴時効期間が３年であるため、もう時効期間が過ぎているからです。

真犯人が仮に警察の身内だったり、また、警察が組織ぐるみで隠蔽したと疑われる場合には、検察としては相手が誰であろうと切り込んでいきます。むしろ捜査する方は燃えると思います。

かつて、神奈川県警の公安警察官が共産党幹部を盗聴したという事件がありました。

あれは警察がなかなか捜査しなかったのを、結局東京地検が告発を受けて立件しました。違法行為、ましてや殺人に関することであれば、それは中途半端にできないというのは、検事であれば誰しも思うところではないでしょうか。

仮に、警察に誰かから圧力があったとすれば、そこには贈収賄の可能性がないか、もちろん時効の問題がありますけれども、不正行為をお願いして、その関係でお金を受け取ったという加重収賄罪であればまだ時効（10年）にはなっていませんので、警視庁とか警察署の関係者の口座のお金の動きであるとか、いろんなことを徹底して捜査するでしょう。

また、木原氏が名誉毀損で訴えている、告訴しているということであれば、その告訴の中身を捜査するにあたって、どうしても今回の不審死事件を検証しなければならないので、そういうことを通じて結局は捜査されてしまうということになると思います。

検察は、政権に対するダメージを考慮することがあるのかというと、特に殺人事件の関係は全くないと思います。

私は、誰もが納得できる捜査をした結果、それでも被疑者が分からないというのであれば仕方ないと思います。そういう意味で言ったら、もう最後に頼るのは検察庁しかないと思います。

第2章　送致は終わっているのか

リスクマネジメント・ジャーナル　第１６８回

２０２３年9月1日 公開

◆送致について

ここで、警察から検察庁に事件が送られる「送致」ということについて、自殺の場合を中心に簡単に説明しましょう。

刑事訴訟法189条2項に「司法警察職員は、犯罪があると思料するときは、犯人及び証拠を捜査するものとする。」との規定があります。ですから、法が求めているのはあくまでも犯罪性、つまり事件性の有無であって、自殺かどうかの判断ではなく、事件性があるか否かの判断であるというのはこういう規定が根拠になっています。

警察は、捜査が終わった段階で事件を検察庁に送らなければなりません。そのときに事件の記録と証拠を一緒に検察庁に送ることになります。検察庁はそれを受理し、その後検察官が捜査します。

検察官が捜査する場合には、独自でやる場合と警察官を指揮してやる場合があります。刑事訴訟法193条2項に「検察官は、司法警察職員に対し、捜査の協力を求めるため必要な一般的指揮をすることができる。」との規定と、同条3項に「検察官は、自ら犯罪を捜査する場合において必要があるときは、司法警察職員を指揮して捜査の補助をさせることができる。」との規定があります。ですから、送致後の検察官は、警察官に対して、この辺の証拠が足りないとか、この辺の証拠の判断はどうなっているのかなどとして指揮して捜査を進めていくことになるわけです。同条4項には「司法警察職員は、検察官の指示又は指揮に従わなければならない。」との規定があり、さらに同法194条には「検事総長、検事長又は検事正は、司法警察職員が正当な理由なく検察官の指示又は指揮に従わない場合において必要と認めるときは、警察官たる司法警察職員については、国家公安委員会又は都道府県公安委員会にその者を懲戒し又は罷免する権限を有する者に、懲戒又は罷免の訴追をすることができる。」という重い規定があります。捜査は、警察と検察互いの信頼関係で成り立っているからです。

私の検察官時代の経験からすると、検事は最初着任してから三か月間は必死に捜査してきちんと起訴しないと、警察から「この検事は信頼できない。」と思われてしまいますので、まずは警察との信頼関係を作ることに努力していました。

現行犯逮捕されるような事案の場合は、その時点で検察は知りません。警察が捜査して逮捕した事案については、48時間以内に検察庁に送致されたときに初めて知ります。しかし、警察がこれから逮捕する場合とか、在宅事件で難しい場合には、普通は、検事に事前に事件相談しながら進めていきます。裁判になる場合を想定して証拠の評価を検討しながら捜査を進めていく必要があるからです。

警察は、事件を立件した場合、なんとか起訴してもらおうと考えるのが普通です。これに対して、検事は、証拠上無理がないかを含めて、総合的に判断して、起訴できるものは当然起訴しますし、警察が送った記録や証拠上、これは起訴は難しいと思われる案件であっても、どうしても許せないという事件の場合には、いろんなアイデアを出して緻密な捜査を遂げて起訴に持ち込もうとするのが一般的です。

ですから、例えば、警察が消極意見であっても、検事はまだできるのではないかということで一緒に悩み苦しみながら捜査を進めて、最終的には起訴ということになることもあるのです。

捜査というのは、警察と検察は少し違っています。警察の捜査は、事件として立件して検察庁に判断してもらうために行うものですから、必要条件ぐらいしか捜査しません。これに対して、検察は、捜査を尽くして処分を判断しなければならないので、必要条件だけでなくて十分条件についても捜査することになるわけです。

今回の不審死事件について言えば、例えば、自殺と判断しても証拠上矛盾がないと警察が言ったとしても、本当にそうなのか、ということで、自殺の可能性がないということが本当に言えるのかについて更なる十分条件としての捜査をするため、検察が警察を指揮して判断したり、独自に捜査して判断することになります。

２００６年の段階では、警察の中で宙ぶらりんのまま置かれていて、当時はまだ検察に送られていなかったものと思われます。

しかし、露木長官の発言では、もう捜査は終わったということですから、遅くとも長官の発言の直前くらいまでには検察庁に送致されているか、そうでなくてもこの８月中に送られると予想されます。

◆証拠品と遺族について

まだ事件が送致されていない、あるいは最近送致されたのであれば、証拠品の処分がまだされてなく、刃物などの証拠品はまだ残っている可能性が強いです。

そもそも、自殺ということであれば、遺族としては証拠品を引き取りたいと思います。最後に握ったものが刃物であっても、それは遺族にとってとても重要なものになると思います。

しかし、種雄氏が亡くなった場合の相続人は、妻とお子さんになりますので、妻がこれらの証拠品について所有権放棄をすれば、証拠品は処分されてしまう可能性があります。

◆虚偽公文書作成罪と司法取引について

虚偽公文書作成罪の件ですが、もし今の段階で警察が検察官に報告書を出すとしても、証拠の評価の問題も重要ですが、もう一つ大事なことは、捜査がなぜ途中で終わってしまったのか、なぜこの時期に送致されたのか、その辺の理由についても報告書の中に虚偽性があるかどうかということです。

係長が報告書を書いたとしても、実は異動して来たばかりで、当時の捜査状況はよく分からないけれどもやむを得ず書くという事情があるかもしれません。事件を送るときには、その方が責任者として書くわけですから、責任の問題となります。そして、検察は、この虚偽公文書作成罪と同行使罪について判断する場合は、不審死事件の捜査を遂げた後で一緒に判断することになると思われます。

検察としては、虚偽公文書作成罪と同行使罪の立件や判断において、検察庁の伝家の宝刀である、いわゆる司法取引を使って、一体誰の話でこうなったのか、という形で捜査することもできます。

司法取引というのは、自分が事件を起こしたとしても、例えば上司から指示されてやらざるを得なかったという場合に、その一番悪い人を処罰するための方策として制度化された協議・合意制度であり、これがいわゆる日本版司法取引と呼ばれているものです。検察庁に対して、自首して証拠を全部出して洗いざらいすべて正直に話した場合には、その人については起訴しないで、その供述をもとにもっと悪い人たちを処罰するのに使用するというものです。

司法取引が使えるのは検察だけで、警察は使えません。ですから、検察の捜査としてこの制度を使う可能性も十分あると思います。

虚偽公文書となるものを上司に言われて書かされたということを証言することによっ

て、自分が実際に書いたとしても罪を免れることができるわけです。

◆想定問答集の情報公開請求を

本当かどうか分からないのですが、警視庁捜査一課長がコメントを出す前に、警察の中で警視庁の刑事部長と参事官、捜査一課長が集まって話をしたのではないかという記事がありました。

実は、その当時の参事官は先日退職しています。新聞の警視庁人事で公けになっていて、私もそれを見ました。おそらく元から退職することが決まっていたのだと思いますが、その約一か月前に参事官がこの話に巻き込まれたのであればお気の毒だと思います。ただ、この方は過去に捜査一課長も経験されていますので、本件の捜査についてはかなりの情報を持っていたと思います。ですから、この元参事官の今後の動静と言いますか、その話には非常に興味があるところです。

また、今回の警察庁長官の発言も捜査一課長の発言も、おそらく想定問答を作っていると思います。

さらに、２０１８年に木原氏の妻となっていたＸ子が取調べを受ける際にも、いろんな問題が出てきますので、警察庁長官用や捜査一課長用の想定問答が作られているのでは

ないかと思います、
これらの想定問答は公文書ですから、情報公開請求をすると、黒塗りになる部分があったとしても、一応開示されなければならないことになっています。この点、もしご関心があれば、どなたか情報公開請求を警察庁や警視庁にやってみてはどうかと思っています。

第3章「告発者」を守ることはできるのか？

～佐藤氏の告発に公益性はあるのか？

リスクマネジメント・ジャーナル　第172回

2023年9月23日公開

◆佐藤誠氏は逮捕されるか？

今回、佐藤誠氏の会見で最後に「佐藤さん、大丈夫ですか。地方公務員法違反になりませんか。」との心配の声が上がっていました。このことを少し検討したいと思います。

一部報道によると、警視庁が佐藤誠氏対して、「捜査二課などが地方公務員法違反として捜査をしていて、場合によっては逮捕することもあるのではないか」、と言われているようです。

地方公務員法違反になるためには、秘密を漏洩したということが必要です。そうすると、一体何が秘密かということを特定しなければなりません。それから、漏洩したとすれば、その動機に正当な理由があるかどうか、この2つは必ず検討しなければならないわけです。

まず、何が秘密かということですが、会見で佐藤誠氏が話した話全部が秘密なのか、その中で書類の関係をいろいろ言及しているその書類のことなのか、どの部分が秘密という形で捜査で特定されるのか。仮にそれが秘密ということになると、警視庁はその秘密の存在を認めることになるわけです。

気になっているのは、捜査二課が担当している業務は、都民の財産、社会基盤等を害する詐欺・横領等の捜査のほか、政治・行政・経済をめぐる不正事案の摘発などですが、この地方公務員法違反を最終的に捜査するのが捜査二課なのか、公安部なのか、捜査一課なのか、一体どこなのかということです。ただいずれにしても必然的に不審死事件の捜査の内容とその相当性についても捜査せざるを得なくなります。そうすると、例えば、捜査二課が捜査一課の捜査を検証したり、捜査員を取り調べるということになるのか、というところがすごく関心があります。こういう事件を立件するのは警察だけの判断では難しいので、事前に地検に対して説明をして、検察庁の了解が必要な事案だと思います。

私の過去の経験からすると、地検の立場とすると、警察が地方公務員法違反で仮に逮捕したとしても、「起訴するかどうかは、今のところは何とも言えません。上級庁と協議して最終的に決めます。」と答えると思います。せいぜい言えて、「どうしても警察が逮捕したいというのであれば、それはどうぞ。警察の責任でやってもいいです。しかし、処分についてはどうなるか分かりませんよ。」と言うと思います。

これだけの事件ですから、立件するにはそれなりの時間がかかると思います。仮に逮捕して事件が検察庁に送られたとしても、検事が勾留請求の段階で釈放するかもしれませんし、勾留期間満了時に処分保留で釈放し、不審死事件について捜査をして、その事件の処分時に一緒に合わせて判断することになるのかなと思います。

ということになると、地検とすれば、地方公務法違反で告発なり、捜査で地検に送られるということになれば、不審死事件の再捜査についての糸口になると思います。地方公務員法違反で捕まった方が、不審死事件についての再捜査が始まる可能性が高いということになり、言ってみれば「肉を切らせて骨を断つ」ような感じであり、佐藤氏もそのように思えばいいのかなという感じもします。

仮に佐藤氏が逮捕されたとしても、警察の取調べで佐藤氏が供述してもほとんど意味がないので、そこで黙秘をして、検事の取調べのときに具体的に話すということになるのではないでしょうか。地検は不審死事件の捜査関係者の取調べなど裏付け捜査も当然しないといけません。それを、警察を指揮してやらせるということはなかなか難しいと思うので、そうなると検事が自らそういう方々について直接事情を聴取することになると思います。

ですから、地方公務員法違反で捕まったとしても、むしろ不審死事件解明のためには良い方向に行く可能性が高いので、それほど心配する必要はないと思っています。心配だとは思いますけれど、合気道と同じように、向こうの力を逆に使って勝つという方法があるわけですから、マイナスのことばかりでなくてプラスの方向になったらと考えることは可能だと思います。

警察を辞めた方がトップの公式コメントに対して、「現場では違うんだ、嘘をつくんじゃない」という反論なわけです。それに対して警察は、いきなり佐藤氏を逮捕するのではなくて、まずしっかりと事情を聞くべきであって、いきなりの逮捕は手続的にやりすぎではないかと感じます。

佐藤氏も、退職する前、警察組織の中で同じようなことを主張したのかもしれません。その辺が一体どうだったのかとか、仮に主張していたとすれば、なぜそれで警察が再び動かなかったのかとか、なぜ退職してから言ったのかなど、捜査ということであればその点も対象になるわけです。

風通しが良くないのであれば、組織のガバナンスの問題です。どういうやり方がいいのか、特に監察部門も含めてそういう話になると思います。

それと同じことが２００６年にも起こっていた可能性があるわけです。これは誰が見ても事件性があるのに、大塚署がミスしたんでしょと佐藤氏が言っているということは、要するに、警察内部でも２００６年にこれをどうやって処理するのかということをいろいろ揉めた可能性があるわけです。そこのところをしっかりと説明する、はっきりさせることが重要です。

不審死事件の捜査を動かすには遺族による殺人罪での告訴もいいでしょう。でも、別の方法があることを具体的にお話ししましょう。

◆今回の事件を動かす最終手段

まず、公益通報者保護法の利用です。

公益通報者保護法の中で、公益通報ということが規定されています。公益通報というのは何かと言うと、勤務している労働者などが不正の利益を得る目的、他人に損害を加える目的、その他不正の目的でなくて、役務提供先又はその事業に従事する場合におけるその役員、従業員、代理人、その他の者について、「通報対象事実」が生じ、又はまさに生じようとしている旨を、当該役務提供先又はこの提供先があらかじめ定めた者、これは普通は外部弁護士になりますが、当該通報対象事実について処分・勧告をする権限を有する行政機関又はこの行政機関があらかじめ定めた者に対し当該通報対象事実を通報することがその発生、これによる被害の拡大を防止するために必要であると認められる者に通報すること、と法律で決まっています。要は通報対象事実について通報することとなっています。

この公益通報の「通報対象事実」として1号と2号が規定されています。1号というのは、公益通報者保護法及び個人の生命、身体の保護、消費者の利益の擁護、環境の保全、公正な競争の確保その他の国民の生命、身体、財産その他の利益の保護に関わる法律として別表に掲げるものに規定する罪の犯罪行為の事実、公益通報者保護法及び別表に掲げる法律に規定する過料の理由とされている事実です。この別表の法律が500本あり、刑法はこれに入っています。

2号の通報対象事実とは、先程の別表の法律に基づく1号の処分の理由とされている事実です。例えばこういう法律に違反したということで組織の中で懲戒処分になったその理由とされている事実ということです。

しかし、例えば、警察の場合、捜査が中止されたとか、捜査が放置されたとか、嘘の事実を告げて取り調べをしたとか、被害届を受理しないといったような不適切な業務遂行というものはこの公益通報者保護法の対象外になります。

そこが問題です。この５００本の法律の中に、刑事訴訟法という法律は入っていません。刑事訴訟法が入っているのでしたら、刑事訴訟法に違反した捜査や取調べをしているのではないか、ということで警察の内部でその通報窓口に対して通報すれば、きちんと調査してもらえることになるのですが、刑事訴訟法が入っていないので、佐藤氏が仮に正式に警視庁の通報窓口に話したとしても、通報対象事実にはならないということになります。

だからこそ記者会見をやった可能性もあると思います。現職の頃に公益通報者保護法に基づいて何かアクションを起こしたけれども、通報対象事実でないということで退けられてしまったのかもしれません。

他方で、私がかつていた検察庁の場合は違います。検察庁は「検察庁公益通報（内部通報）事務処理要領」というものを別途作っています。これによると、検察庁の職員による内部通報について、通報対象事実だけでなくて、「法定外通報対象事実」というものについてまで対象を広げています。

この要領で規定している「法定外通報対象事実」とはいったい何かというと、３つあります。

1番目は、国家公務員倫理法、倫理規程に違反する行為に関する事実です。接待を受けたとか、贈答品を一定の基準を超えてもらったとかです。そういうことに該当する事実が一つ含まれます。ただし、検察庁の法令遵守の確保及び適正な業務の推進のために必要と認められるものに限ると、いう縛りがあります。もっとも、違反している場合というのは適正な業務の推進とは関係ないと考えるのが一般的だと思います。

2番目は、法令に違反する行為に関する事実（1番目の事実及び通報対象事実を除く）で、検察庁の法令遵守の確保及び適正な業務の推進のために必要と認められるものに限る事実です。

具体的にどのようなことが該当するのかというと、刑事訴訟法に違反した捜査の事実、あるいは捜査員の裁量の範囲を逸脱した行為というものは対象になると私は思います。ですから、例えば検察庁を前提にしますと、検察庁で刑事訴訟法に何か違反するような捜査をしたり、いきなり捜査を中止して、検察官としての裁量の範囲を逸脱した、あるいは、上司が部下に対してこの事件は起訴してはダメだとか、その裁量の範囲を逸脱した行為は対象になると思います。

裁量の範囲を逸脱した行為は違法になるので、捜査の中止というのは、検察官の裁量の範囲を逸脱した法令に違反する行為に該当する事実の可能性があります。

3番目は、各検察庁の長が命令又は示達をするために発した訓令・通達に照らし、検察庁の法令遵守の確保及び適正な業務の推進のため必要と認められる事実です。

例えば、捜査の中止というのはこれに該当する可能性もありますし、嘘のことを事件関係者に知らせて取調べをするとか、遺族に対して嘘の説明をしたとか、検事としての業務の遂行が適切でない、不適切だというものも、この法定外通報対象事実に含まれるわけです。

このように、検察庁ではこういう法定外通報対象事実についての内部通報も認めています。もう少し言いますと、検察庁のこの検察庁公益通報（内部通報）事務処理要領によると、内部通報というのは、公益通報者保護法３条１号に規定する公益通報をいうほか、職員などが不正の利益を得る目的、他人に損害を加える目的その他の不正の目的でなく、勤務提供先である検察庁、その検察庁の職員について法定外通報対象事実が生じ、又はまさに生じようとしている旨を当該検察庁の公益通報窓口に通報すること、と規定しています。

ですから、検察庁では、公益通報者保護法で規制している通報対象事実に加えて法定外通報対象事実も内部通報の中に入れて、より厳しくしていることになります。

もう一つ、誰が通報できるのかというのも、検察庁では広く解釈しています。先程の要領によると、「準内部通報」という用語を使っています。

つまり、「準内部通報」とは、検察庁の法令遵守を確保する上で必要と認められる者（当該通報対象事実又は当該法定外通報対象事実を認識するに当たって正当かつ合理的な理由がある者に限り、「職員等を除く」。）が、不正の利益を得る目的、他人に損害を加える目的その他の不正の目的でなく、当該検察庁、その職員について通報対象事実又は法定外通報対象事実が生じ、又はまさに生じようとしている旨を当該検察庁の公益通報窓口に通報すること、と規定しています、

かいつまんで言うと、検察庁職員でない第三者についての通報も一定の場合に認めているということです。

ただし、誰でもいいのではなく、職員ではないが当該事実について正当かつ合理的な理由がある者ということですから、考えられる人というのは、事件関係者、検察と一緒に捜査していた警察官です。彼らから検察庁に対してなんかおかしいんですよと言った場合に、準内部通報として検察庁の方では処理することになります。そして、検察庁ではこういう内部通報、準内部通報を受け付けたときは、各検察庁の長は遅滞なく受理するか否かを判断しなければならず、要件を欠く場合でなければ受理しない旨の判断をすることはできない、つまり、受理しないといけない、と広く規定しているのです。これが検察庁です。

検察庁公益通報（内部通報）事務処理要領は、インターネットで公開されています。

警察の規程はインターネットで見ました。しかし、警視庁の関係だと、消費者庁の方にリンクが貼られており、結局、公益通報者保護法の消費者庁が定めている一般的な解説

だけになっています。

警察庁のホームページを見ますと、警察庁は公益通報者保護法で規定されている事実に通報対象を限定していますし、他の県警の公益通報者保護法に基づく取扱いについてインターネットで公開されている規程を見ても、やはり通報対象事実に限定しているようです。

ただ、法務省の規程は検察庁と同じように広くなっています。法執行機関を考えると、警察、検察以外にも麻薬取締官、国税、税関、自衛隊の警務隊などもありますが、他省庁のそういう法執行機関の関係で、業務が適正に行われていないとか、捜査・調査がきちんと行われていないことについて、検察庁と同じように広い規程になっているのかというと、そこは専門的に調べていないので分かりませんが、今のところ聞いたことがありません。

少なくとも、法務省と検察は、公益通報者保護法よりも一段と高く、自分たちに厳しく内部通報の規程を作っているわけです。

そう考えると、佐藤氏が現職の時代に、例えば捜査が中止されたのはおかしいとか言ったとしても、それは業務の適正な遂行に関する話ですから通報対象事実ではない、ということで受け付けてもらえないわけです。これが検察の場合だったら、きちんと受け付けられて調査されるということです。

言ってみれば、ガバナンスの問題になるわけですけれども、はたして警察を含めた他省庁の法執行機関の内部通報に関する規程がこのままでいいのかということは、国会も含めて議論していただきたいところです。

なぜ法務省、検察庁がここまで厳しく自らに対応しているのかということを考えたときに、身内の業務の適正さということについてはしっかり調査し、そのことによって国民の捜査に対する信頼を確保するという大義があるからだと思います。

話を戻しますけれども、検察庁の関係で言いますと、種雄氏が亡くなったことについては、既に認知立件して事件番号がありますので、遺族とすると「私は遺族です。ついては、種雄がどのように亡くなったのか説明していただけませんか。」と、警察ではなくて検察庁に対して死因の説明を求めることは可能なわけです。検察事件の犯罪被害者遺族でもあるからです。

司法解剖は検事が請求しているので、その鑑定書は警察ではなく検察庁に送られているはずです。検察にはその原本があるわけです。ですから、まずは、検察庁に対して犯罪被害者遺族として死因の説明を求めたり、これまでどのような捜査をしてきたのかについても説明を求める、というのが先だと思います。

告訴の方法ですと、検察庁の方は身構えてしまうので、説明を求めるのであればこちらの方がハードルが低いです。

人が亡くなった事件について、不起訴にするというような事件の場合は、検察官は遺族に説明しなければなりません。

これは、殺人事件、傷害致死事件など人が死亡している事件はもちろん、それ以外でも窃盗事件でも詐欺事件でも告訴・告発事件について不起訴にする場合には遺族や告訴人、告発人に説明することになっています。

大体、相手の方は説明に納得しませんが、納得しなくても説明すること自体が大事なのです。その説明をしたという書類がついてなければ、検察庁内部での事件監査で何やっていたんだ、説明してないではないかと指摘が入る、という流れになります。

特に人が亡くなった事件で不起訴にすると説明すると、遺族は普通は怒ります。そういうときに、遺族に検察庁にわざわざ来てもらうわけにはいきません。かつての私の経験で言うと、傷害致死事件でしたが、東京から地方の遺族のところに私と事務官が出張して、ご自宅でずっと正座して説明したこともあります。そういうことまでしてきちんと説明した、という事実を報告書に残して記録につけて、それで初めて事件終了となるわけです。

今回の種雄氏の事件で言えば、警察が事件としてまだ検察庁に送っていないということですと、検察庁の方はまだ不起訴にしているわけがありません。検察事件もあります。ですから遺族から説明してくれと言われたとき検察としてどのように対応するのか、とても興味があります。

仮に、検察に説明を求めたところ、説明の仕方があまりよくなかった、不十分であったということであれば、先程説明した不適切な業務遂行という法定外通報対象事実として、検察庁に準内部通報することができるわけです。

この準内部通報の方法は事務処理要領に書いています。通報書という様式一号という書面があって、それを郵送、ファクシミリ、電子メール、その内容が記録されている電磁的記録媒体（ＵＳＢメモリーなど）を提出する方法になります。ですから、窓口に行って口頭で申し出るというのはダメです。形式が整っていれば、検察庁はこれを受理して、本当に適正かどうかという判断をするわけです。

それについても、申し立てた遺族や遺族代理人に対して説明することになります。その過程の中で、検察は、種雄氏が亡くなった事件についてきちんと捜査しなければならないという意識をしっかり持ってもらうということになるわけです。

通報窓口を活用する場合には、弁護士を代理人として進めた方がいいと思います。こういう話は、専門家でないと聞きたいこともなかなか訊けないからです。そこで、弁護士が遺族代理人という形で委任状を提出してやるのがベストだと思います。

告訴もいいのですが、敵対するみたいな感じになってしまいますので、告訴の前にできることとして、説明を求めるのは非常にハードルが低いので、遺族として是非やっていただきたいと思います。

法定外通報対象事実をうまく使って、検察庁をいかに動かすかというやり方なんですが、別にその担当検事が悪いとか、対応が悪かったことということではなくて、とにかく捜査を進めてもらうためにはこういう手段を使わないと難しいかなということを申し上げたいのです。

こういう事件は、大体、刑事部に本部係というのがあって、警視庁で捜査本部が設置される事件について担当します。本件については、捜査本部は設置されていませんが、捜査一課が入っているので東京地検の本部係検事が担当しているのではないでしょうか。これは遺族が刑事部事件管理に担当検事を聞けば教えてくれます。

この事件は、発生から17年ぐらいも経っていますので、解明ができるかどうかは分かりません。ただ、うやむやにしてしまうと、これに憤慨した者が、日本の警察、検察、司法に対して幻滅を抱いて、ここで解明できなかったならば我々がやるぞということで私的リンチが行われ、それでその周辺の人たちに危害が及ぶ事件が起こってしまうことは絶対に避けなければなりません。警察や検察が動かなかったから我々が制裁を下すみたいなことになるのは恐ろしいことです。

本件では、そのようなことが起こらないようにするためにも、しっかりと捜査してもらって解明することが大切です。

◆司法取引

虚偽公文書作成罪、同行使罪についての司法取引の適用について、もう少し詳しくお話ししたいと思います。

司法取引と言っても、言葉としては知っていても内実はよく分からない人が多いと思います。

市民からすると、検察は身近ではないので、何かあったら、まずは警察に届けるとか、警察に相談することになります。しかし、自分が共犯になった場合には、司法取引を適用してもらって検察に対して弁護人を通じて交渉することになると思います。まだ、日本は少ないです。

今回の事件の関係で司法取引というものをどうやって使ったらいいのかということをお話しします。

いわゆる司法取引が適用される対象の事件は限られています。殺人はダメです。今回の場合は、虚偽公文書作成罪、同行使罪が司法取引の対象になる犯罪です。

これに関する法律は、２０１６年に刑事訴訟法の一部を改正する法律が成立して、いわゆる日本版司法取引と呼ばれる「協議・合意制度」が導入されて、２０１８年6月1日から施行されています。協議・合意制度は、特定犯罪の他人の犯罪事実について、被疑者・被告人が真実の供述をするなどの協力と引き換えに、検察官が処分・訴追などでの減免をする内容の協議を行い、両者で合意をするものです。合意が成立した場合は、協力者である被疑者・被告人は協力行為をする義務を負い、検察官は減免行為をする義務を負います。

現在まで適用されたのは数例だけと報道されています。

この制度は、捜査における証拠の収集について取調べの比重を低下させて、証拠の収集方法の適正化に資するために導入されたものです。特に、組織犯罪といった場合には、一番悪い首謀者の関与などを含めた全容解明のためには、実際に犯罪の実行に当たった者とか組織内部の者から供述を得なければ真相解明が困難な場合が多く、そのためもっぱら被疑者や関係者の取り調べに依存してきました。しかし、取調べによって供述などを得ることが非常に難しくなってきたために、取調べ以外の方法で手続の適正さを確保しながら供述などの証拠を収集することを可能にする制度として創設されたというものです。

先程申し上げたように、対象犯罪は限定されています。一定の特定犯罪に該当する他人の刑事事件について、被疑者・被告人が真実の供述や証拠の提出などの捜査協力と裁判での協力を行うことと引き換えに、警察ではなくて検察官が被疑者の刑事事件を不起訴とすることや通常よりも軽い求刑を行うことなどを約束し合意する制度です。これは警察はできません。ですから、警察に行っても司法取引はできません。

あと、証拠を持って行かないとダメです。言葉だけではダメです。最初に検察に行ったときに「何を持ってきましたか。」と訊かれます。自分の話だけではダメなのです。例えば、メールであるとか、携帯電話であるとか、総勘定元帳とか、そういうものを最初に行ったときに見せなければなりません。現物を持って来れない場合には、写真でも大丈夫です。

よく勘違いされるのですが、アメリカの司法取引は、有罪答弁取引と言われていて、被疑者・被告人が自らの犯罪について有罪を認める代わりに検察官から求刑を軽くしてもらうというものですが、日本の場合にはそうではなくて、自らの事件ではなく他人の刑事事件について証拠を提出するということなので、そこはアメリカとは違います。

司法取引が適用されるのは、一般的に共犯事件です。共犯事件だから必然的に自分も関わってくるので、自分が起訴されないように司法取引に持っていくということです。単純に言うと、上から指示されていろいろ実行役をやった人が、自分はこんな悪いことをさせられたんですよということで、その共犯者の名前を出して、共犯者との共謀であるとか、いつこんな犯罪をしたのかということを全て洗いざらいに正直に話して、それを裏付けるような証拠も全部提出して、あとは自分自身は他に黒いところはなく全て真っ白だよということを検事の前で話をして、しかも将来法廷でも全部証言しますということを言って、それで検事が信じてくれた場合には、最終的に合意してもらい、不起訴処分の恩恵を受ける、というシステムだと理解していただければと思います。

共犯者として嫌々ながら巻き込まれたというような人にとっては、使い勝手の良い制度です。

今回の事件では、仮に、警察が虚偽の書類を作り、これが検察庁に事件として送った一件記録の中に入っているとか、あるいは検事の求めに応じてその捜査報告書を提出したけれども、事実と違うことを書いてしまった、本意ではなく書いてしまったとか、言われたから書いてしまったと言う場合があるかもしれません。

警察は上命下服の世界ですから、そのような場合には、末端の者は末端の者としての刑事責任をその限度でしか負わないことになるにしても、司法取引、この協議・合意制度を適用した方が「あの人から言われたんですよ。この人から言われたんですよ。」などと供述を得やすくなります。そういう形で使えるということです。

虚偽公文書作成罪の場合、実際に虚偽の報告書を書いた人であれば司法取引できます。ですから、総合捜査報告書なるものを書く係長とか、あるいはこれから書くのか分かりませんけれども、そういう方々が適用対象になります。もし、適用してもらいたいのであれば、検察庁にその書類を持って行ったときに、こっそりと検事に「実はこうなんですよ。」という話をして、そのとき、弁護士と一緒に行くかどうかは別として、全部洗いざらい本当のことを話して司法取引を適用してもらえる方向で、警察には内緒で進めてもらうというやり方の方が賢いやり方だと思います。

今回の事件で、保護責任者遺棄致死罪として検察庁に遺族が告訴するとか、他の方が告発してはどうかというような話もあります。私の推測ですが、種雄氏はおそらく即死の状態の失血死ではないかという気がします。

そうすると、亡くなった直接の原因というのは、倒れている種雄氏に対してX子を含めて回りの人が何もしなかったとか、放置したということではなくて、刺されたことが原因で亡くなったということになると、死亡との因果関係が、放置した、保護しなかったということとなかなか結びつかないと思います。

仮にX子に責任が生じるとしても、それは保護責任者遺棄罪ということで遺棄行為から5年で時効になっていますので、最終的に警察も検察庁も保護責任者遺棄致死罪で告訴は受理しないか、受理したとしても、そういうことで最終的に不起訴になってしまうという危惧をしています。

ですから、そう考えると、先にも言いましたが、不審死事件は既に検察事件としてもあるので、今後は検察官にやってもらう方向で考えるのがいいと思います。

第4章　芥川龍之介『藪の中』に瓜二つ⁉
この問題の動機を考える

リスクマネジメント・ジャーナル　第177回

2023年9月26日公開

◆芥川龍之介の『藪の中』

この事件、動機について謎なんです。犯人には動機が必要です。自分で自分を刺すにしても動機が必要です。遺族は種雄氏には自殺の動機がないと言っています。

動機の捜査はとても大事です。検察は、少なくとも事件性がないと認定するならば、自殺するような動機があったのか、種雄氏は周りの人にそういうことを言っていたのか、精神科に通っていたのか、カルテにどういう記載があったのか、どんな薬を飲んでいたのかなど、いろいろと詰めていかなければなりません。

ここで、２００６年に遡って、この事件そのものの動機ということについて考えてみたいと思います。私は以前、『元検事の目から見た芥川龍之介『藪の中』の真相』という本を書きました。これは、芥川龍之介が書いた短編小説で文庫本にしても10ページぐらいの量しかない『藪の中』について、犯人が誰かについて考察したものです。これを参考にしたいと思います。

まず、『藪の中』の内容を簡単に紹介します。

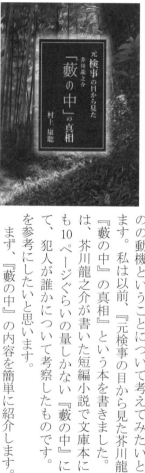

第4章　芥川龍之介「藪の中」に瓜二つ⁉　この問題の動機を考える

平安時代と思われる時代考証のもとに、一人の武士が、その面前で多襄丸と呼ばれている男に妻を強姦されて、その後この武士が現場の藪の中で死体となって発見された事件についてのものです。これが原作になった映画が黒澤明監督の「羅生門」です。原作とかなり違っていますけれども、多襄丸の役は三船敏郎、武弘という名前の武士は森雅之、真砂という名前の武士の妻は京マチ子という配役でした。

亡くなったのは、武弘です。これについて、多襄丸、真砂、武弘の霊魂がいずれも死の責任は自分にあると主張したまま終わっているものです。普通なら、いや俺ではない、あいつなんだと言って他人に責任をなすりつけるのが一般の刑事事件では多いのですが、この小説のポイントはそうではなく、3人ともいずれも「自分がやったんだ。」と自分に不利なことを述べているというのが特徴です。多襄丸は、被疑者として当時捜査をしていた検非違使に身柄拘束されている中で自白している、一方、真砂は清水寺に現れて、殺害したのは自分であるということを言って懺悔している。巫女の口を借りた武弘の霊魂は自害したと述べている、という内容になっています。この小説は、これ以外の関係者も含めて7名の供述が羅列されているだけで終わっています。

よく、真相が分からないことを「真相は藪の中」と言いますが、これはこの小説のタイトルから来ているのかもしれません。

現場の状況を言いますと、武弘が現場で亡くなっていて仰向けに倒れていた事実、胸の刺し傷のために死亡したという事実については争いがありません。しかし、はたして凶器が真砂の持っていた小さな刀なのか、武弘の太刀なのか、多襄丸の太刀なのか、というのは不明です。真砂の小さな刀も発見されてない。多襄丸が捕まったときに持っていた太刀の形状なども分かりません。ですから、犯人性の問題は最終的にはそれぞれの供述の信用性にかかっているという内容の小説になっています。

◆類似性

今回の事件では、真相が分からないという点では非常に似ています。

登場人物の数も数名ということで似ています。動機はとても重要です。そもそも種雄氏は自殺しなくてはいけないような人だったのか、そのような動機があったのか、殺されなければならないような恨みを買う人だったのか、また、犯人がいるならば、その人たちにどのような動機があったのだろうか、ということが問題になります。

一般的な殺人の動機を少し説明したいと思います。

計画的に殺す場合と現場でカーっとなって偶発的に殺してしまう場合と2つに分けられます。

計画的に殺す場合というは、普通は相当の恨みがあります。法律に違反する悪いことというのは誰でも分かっています。捕まってしまった場合には刑務所に入らないといけないということもそうでしょう。しかし、これらのことを百も承知の上であえて殺すということは、それほどまでに深い恨みを持っているとか、何か欲があるということです。こういう事件で仮に殺した場合の犯人の気持ちはどういうものかというと、「やってしまった。申し訳ない。」ということではなくて、「こいつがいなくなって、もう自分はこいつのために悩むことはなくなった。ざまあみろ。」というようなものです。心の中で喜ぶ。これが計画的に殺人をした人の本当の気持ちです。ですから、殺人の動機を考えた場合に、どういう恨みがあるのかとか、この人が亡くなることによってどのようなメリットがあるのか、ということを考える必要があります。

他方、自殺ということになると、どうして自殺しなければならないのか。自殺の方法にしても、どうしてこのような方法で死ななければならないのか、ということを多角的多面的に検討しなければなりません。

私は想像するしかありませんが、最後に自分が亡くなるといった場合の亡くなり方の選択の問題として、私ならば、痛くない方法を選択すると思います。よくある話なんですが、首吊り自殺のときに、その縄に結び目があります。結び目が喉の下にあった場合は、この事実からどのように判断するのかというと、最後亡くなるときに結び目が下にあると痛いはずです。そうすると、喉元のところに結び目があるというのは、自殺を装った罪証隠滅行為ではないかと疑います。それと同じように、痛くない亡くなり方の選択、例えばガスを吸うとか、睡眠薬と薬物を併用して眠るように亡くなっていくとか、一瞬のうちに亡くなるとか、高いところから飛び降りるとか、いろいろ考えて最終的に決めると思うのです。

様々な方法がある中で、今回の事件について週刊誌で言われていることによると、喉の辺りに刃物が刺さった痕跡があるようですが、はたしてそういう方法で自殺するのだろうか、という疑問があります。

そもそも、種雄氏夫妻は、当時、離婚の話が出ていたようで、報道によると、種雄氏は母親に「子供の面倒を見てね」と言っているぐらいでしたので、子供の共同親権の問題もあったかもしれないですが、離婚するということで合意しつつあったのではないかとも思われるわけです。そうであれば、妻からすると、別に離婚ができればいいわけで、刺す理由はないと思えます。

また、ここは捜査一課の人たちも捜査しているところだと思いますが、仮に刃物で刺して亡くなったということですと、刃の向きや、切れるところが一体上向きなのか下向きなのか横向きなのか、横向きの場合に右向きなのか、というのは、自殺か否かの検討の大きなポイントになると思います。

もし相手に刺されてしまったのであれば、犯人は刃物の切れるところを下に向けて刺すのが普通でしょう。そして、自殺する場合、刃を下向きで刺すのだろうかということもあると思います。また、いろいろある刃物の中で、どうしてこの刃物を使ったのかです。

報道では握りの部分に両面テープが付いている刃物があったようですが、他にもいろんな刃物がある中でなぜこのような刃物を使ったのかということも考えなければなりません。

それから、自殺する場合には、普通、遺書を残す、つまり自分のメッセージというものを誰かに残します。誰に残すかと言ったら、妻よりも子供たちに対するメッセージというものを親として普通は残すと思います。亡くなる直前には、子供たちは自分がいなくなったらどうなるんだろうかとか、子供たちのことをいろいろ考えると思います。

種雄氏は父親から車を借りているということでしたが、そうであれば、両親に対するメッセージも普通は残すのではないでしょうか。また、種雄氏は父親に返さなければならない車のことを心配していた形跡はあるのか、きちんと車を返してから父親とさよならして、その後で亡くなるという方法もあると思います。そういうことが一体どうだったのか、という点はよく分かりません。さらに、自殺した場所がなぜ自宅であり、しかも妻子が近くで寝ている部屋だったのか。そのような場所を選択するのだろうか、ということです。むしろ別の場所を考えることもあるのではないでしょうか。

また、ためらい傷があるのかどうかとか、周囲の人に今私は死にたいんだということを漏らしていたかとか、心療内科を受診したり、薬を処方されていたことがあったのか、ということもよく分かりません。

捜査であれば、これらの点は必ず目をつけなければならない点です。

それから、自殺したならば、倒れているお尻の下が失禁して濡れます。ところがお尻の下が失禁してない、あるいは濡れている場所が別の場所だったということであれば、誰かがその死体を動かしたとしか考えられないわけです。だからその辺がどうなのかなという点もすごく気になります。

他方で、玄関の鍵が開いていたということですが、自殺かどうかの判断で、玄関に鍵をかけるかどうかというのはあまり関係ないと思っています。

もし誰かに発見してもらいたいのであれば、鍵をかけない状態にもします。あるいは、誰かが殺した後に、第三者が侵入して犯行を行ったように見せかけるために鍵を開けたままにしておくという可能性もあります。ですから、鍵が開いていたかどうかということは自殺との関係では大きなことではないと思います。

あともう一点。覚醒剤の反応が体内から大量に検出されたということのようですが、警察の発表ですと、少なくともこれは事故と見ていません。

普通、誤ってたくさん飲んで具合が悪くなって錯乱した状態だったのであれば、これは事故の可能性もあるわけです。ところが警察は事故とは見ていない。つまり、錯乱状態になって誤って刺したというように警察は判断していないということです。では、自殺する者が事前に大量に覚醒剤を使うということは考えられるでしょうか。普通は考えられないです。

自分で飲むとなると相当な量です。そうであれば、睡眠薬と併用して静かに眠るようにして亡くなった方がいいわけであって、なぜそうしないで大量の覚醒剤が体内から検出されたのか、相当に疑問です。

種雄氏が亡くなった直後に誰かが種雄氏の身体に覚醒剤を意図的に入れるということも可能だと思います。

◆動機

種雄氏が自殺する動機の証拠は本当にあるのでしょうか。警察は証拠上自殺と考えて矛盾はないとしていますが、本当に矛盾はないのかという点について、周辺の聞き込みなども含めていろんな捜査をしたのでしょうか。私の経験で言うと、警視庁の捜査一課の人たちは本当にものすごく細かなところまで捜査します。すごい捜査です。能力的にもかなり優秀です。

昔、死体なき殺人事件というのがありました。これはある時期までこの人が生きていて、ある時期からこの人が亡くなったということを、死体がないのに特定しなければならないわけです。死体がないということは、どうやって亡くなったのか、凶器が何だったのかということもよく分からないわけです。しかし、警視庁はその辺の捜査をしっかりやって、殺されたと立証し、その犯人を逮捕しました。実際にこれは起訴され、有罪になっています。

どういう捜査をしたのかというと、この犯人以外には考えられないというような捜査を徹底してやったのです。ですから、警視庁捜査一課がやろうと思えば、そういう捜査もできるはずだと私は思っています。

次に種雄氏の周辺の人たちに種雄氏を殺す動機があったのか、という検討をしてみましょう。この点に関する基本的な事実関係は私には何もよく分からないので、あくまでも一般論として話します。

まず、種雄氏が亡くなったときに同じ家の別の部屋にいた妻X子に動機があったのかという問題です。

二人の夫婦仲が良くなくて、子供の親権の争いがあったということのようであり、もう離婚について合意していたとも言われていますが、もし争いがあるのであれば、調停とか訴訟をすれば、まだ子供が小さい状況でしたので彼女は勝てる可能性は十分にあったと思います。

離婚について合意しているのでしたら、もう合意しているし、子供たちのことを考えると、彼女がわざわざ殺すような動機があったのだろうかという疑問があります。しかも、あえて自宅で、子供たちもいるのにです。女性であり子供の母親である彼女がこういうことをするのだろうかと思います。

たとえ衝動的に、喧嘩になって、わーっとなったとしても、彼女は当時大声で叫んで、今、こんな被害に遭っているんだよということを周囲の人や警察に知らせれば、後でそのことが調停で有利に働くわけです。離婚調停という方法があるにもかかわらず、そういうことをしないで、いきなり殺すのだろうかと疑問に思います。

仮に、百歩譲って彼女が刺したとした場合に、体力的に見て、種雄氏と面と向かってやれるとは思えません。やるのでしたら、不意打ちでしょう。種雄氏が後ろを向いているときに後ろから刺す、そういう方法が自然だと思います。顔を見ないでできるし、自分の顔も相手に見られないからです。しかし、種雄氏の刺し傷は、後ろではなく正面です。ですから、不意打ちで刺したとも思えないのです。

ただ、他方で、X子が自分が刺してしまったようなことを当時交際していたというYに言っているようです。そういう言い方をして、警察が来る前にYを自宅に呼んで来てもらっているようです。もしそのような事実があるのでしたら、彼女は何らかの理由でそう言わざるを得なかったような事情があったのだろうと思います。例えば、推理小説的に言えば、あえて刃物にYの指紋をつけさせて、後でそのYに薬を大量に摂取させるなどしてYまで消そうと思ってこのような言い方をして呼んだのかもしれません。しかし、これでは彼女が種雄氏を刺したというのが客観的な傷の状況や動機の観点から見てどうもおかしい、と思うのです。

女性が男性を正面から刺すことは、ないことはないと思います。思わず台所に行って刃物を持ってきて刺してしまうというのはあるかもしれませんが、それでも本当に男性を刺せるのかなと思うのです。

これも私の経験で言うと、なぜこのような形で男性が被害に遭ったのかという証拠は乏しいのですけれども、女性が「私ここで服を脱ぐから、恥ずかしいから、ちょっとあなた後ろ向いてね。」とでも言ったがために男性が後ろを向いたその隙に後ろから刺したのではないかと思われるような事件もありました。ですから、もし刺す場合であっても、やはり、女性とすると、正面からやるというよりも、機転を利かしてこのような形でやるのではないかと思うのです。

他にも報道では、種雄氏の妻の父親Zが登場しますので、私がZについて疑問に思っていることをお話しします。

Zは、種雄氏とX子との間の夫婦の問題について仲裁に入っていたようです。Zは、事件当日に大塚警察署に相談に行ったということですけれども、ここなのです、私が分からないのは。

なぜX子と一緒に相談に行かなかったのかということです。報道によると、種雄氏がX子にDVを働いていたということで行ったそうですが、相談に行くのでしたらなぜ彼女本人が行かなかったのでしょうか。DVの相談は、普通、被害に遭っている女性が直接行くものです。

警察とすれば、たとえ父親が警察官であるとしても、本人が来てないのですから、DVが本当かどうかは分からないわけです。そもそも相談に行くのであれば、なぜ彼女と一緒に行かなかったのか、というところが私にはよく分からないのです。

娘のためを思ってZが殺したのではないかとの考えもあるかもしれませんが、そのようなことは私はあまり考えられないと思います。というのは、人間は自分に利害があることでないとなかなかこういうことには踏み切らないからです。単に娘のためだとか子供のためだということで、殺人までするということはなかなか考えられません。むしろ、Zが種雄氏に自分の秘密であるとか弱みを握られていて、これで何か揺さぶられていたとか、そのことで種雄氏が邪魔になったというような、何か分かりませんが、自分の利害に基づいて行う動機がZにはあったのだろうか、というところの視点が必要だと思います。

そうすると、Zの仕事の絡みとその利害とか何かがいろいろあって、これまで種雄氏と揉めていたのであれば、動機としては分からないわけでもないとは思います。何か弱みを握られていたとか、X子関係かもしれませんが、X子も関連するような弱みを握られていたとか。直接的な動機としてZ自身の当時の仕事の関係で何か不利になるようなことがあったのかです。この点の捜査はどうなっているのでしょうか。

◆一つの推理

当時、男性同士の口論の状況というのが周囲に聞かれていたという状況もないということであれば、種雄氏は、誰かに計画的に殺されたと考えられます。

そして、種雄氏の体内から大量の覚醒剤反応が見られたということなんですが、この覚醒剤を誰がどのようにして入手できるかということについて、一つの推理をしましょう。推理ですから、誤解しないで下さい。

警察官であれば、売人から違法な方法で覚醒剤を押収して、お前今回だけ許してやる、とわざと恩を着せて許してやって、その覚醒剤を今回の事件に使うことも十分考えられます。ですから、そういう可能性があったのかどうかという点も含めていろいろ捜査してもらいたいし、捜査していたと期待したいです。

『週刊文春』には、Yが覚醒剤と関係があったかのような記事がありました。そうであれば、Yは覚醒剤を大量に入手できる可能性がありますが、自分が調達すると、自分が巻き込まれるような感じになってしまいますので、私はあまり考えられないと思います。ですから、Yに種雄氏殺害の動機があるというのは私はあまり考えられません。

Yは、種雄氏が亡くなることについて何か利害があったのか、しかも相手の家にまでわざわざ行ってここまでしなければならないのかという点が、私とすれば合点がいかないという感じがします。

もし誰か真犯人がいたとすれば、種雄氏を殺した後で、第三者が入ってきて種雄氏を殺して逃げたんだというような見せ方をしていたのではないかと思います。

自殺に見せかけると、結構矛盾が出てくるので、むしろ、第三者が入ってきてやったんだという風に見せかけようとしたのではないでしょうか。

この場合に矛盾することは何かというと、当時、X子が部屋の中にいたということです。

近くにいてお子さんと一緒に寝ていたとか、あるいは彼女の服の背中に血痕がついていたとか、何かその辺から話が矛盾してきたというか、それで急に自殺に見せかけようという風になったのか。最初からこの手の事件を完全犯罪みたいな形でやるのでしたら、自殺に見せかけようなどということは考えないと思います。むしろ、先程話したように、第三者が入ってきてやって逃げたんだ、だから鍵が開いていたんだという見せ方をした方が分かりやすい、だから電気も消えていた、ところが何かの事情の変化があって、それがうまくいかずに別の辻褄合わせのような話になってしまった、けれども、なぜか捜査は途中で幸いにも終わってしまった、こんな感じなのかなと個人的には思っています。

動機の見立て方というのは警察と検察では基本的には変わらないです。ただ、変わる

可能性があるとすれば、殺意は認めています、動機も一応あります、しかも自首していま
す、というようなかつて私が担当した事件のような場合があります。自白もしているし、
警察としては事実上終了です。

ある夫婦で子供を殺した事件がありました。ところが、私が被疑者両名に動きを訊い
てみると、どうも2人とも動機が理解できず、動機の所だけはむしろ検察が引き取って捜
査して起訴した、ということがあったのです。

検察は、動機を大切にします。なぜ人を殺したのか、そこは誰もが知りたいところで
あって、最終的に量刑に影響があるからです。警察としては自首したらもうそれで捜査を
終わりにしがちです。この事件は、最終的には、夫婦が警察に話していた動機は嘘であっ
て、しかも、2人とも動機が違っていました。

ほかに今回の事件で私が疑問に思っているところを言いますと、X子が後に捜査一課
から事情聴取されたときに弁護士を付けなかった、という点です。彼女が警察から呼び出
しを受けたとき、木原氏の妻になっていたということもありますので、その段階で、普通
なら弁護士をつけて、弁護士を通じて日程調整をするとか、いろいろ対応もあると思いま
すけど、彼女に当時弁護士がついていたという話が全然聞こえてこないのです。Zにも弁
護士がついていなかったようです。

２０１８年、佐藤誠氏が彼女を10日間取調べをしたということですが、今回、彼女やZの関係で弁護士が登場しないというのも特徴です。もし、弁護士をつけているのでしたら、その弁護士が彼女やZのためにいろいろコメントするなり、依頼人を守るための活動をしてもおかしくないと思いますが、そういう動きも見られないので、不思議だなと思っています。

彼女は、かつて銀座でホステスしていたようですので、そうであればお客様の中にも弁護士もいただろうし、離婚の関係で揉めていたのであれば弁護士に相談したいということもあるでしょうから、割と弁護士に対して親和性があるというか、身近にいたと思います。ですから、なおのこと不思議なんです。

今回の事件の背後にはおそらくいろいろなことが絡んでいると思いますが、それでも事件性がないと言えるのでしょうか。

第5章　２００６年当時の捜査の問題点を探る！

リスクマネジメント・ジャーナル　第１８０回

２０２３年10月5日 公開

◆2006年の当時

私が一番注目したのは、事件がまだ検察庁に送致されていないという事実です。遅くとも7月13日に警察庁長官が事件性を否定する発言をした前後には送致されているだろうと思っていましたが、いまだに（2023年10月現在）送致されていないとは驚きです。

種雄氏が死亡しているということが警察に通報された直後は、いわゆる事件性があるかないかということはまだ警察には分かりません。事件性があるかないかの判断は客観的にしなければならないわけで、それは何かと言ったら、司法解剖です。

司法解剖をして、その解剖した結果を専門家に見ていただいて判断します。凶器が一体何で、その凶器で刺されたのか、切られたのか、刺され方がどうなっているのかなどを含めて死因ということが一番大事なわけですが、解剖前にはその辺が何にも分かっていないはずです。

遺書の有無を含め、周辺のことも何にも捜査してない段階で、これは自殺だということを捜査官が判断できるわけがありません。それにも関わらず、解剖の前に、あたかも自殺したんだよ、というようなことを大塚署の警察官が遺族に言ったとしたら、これは通常では考えられないことです。ましてや、現場に検視官も来ていないということならば、それも通常の捜査では考えられない上に、当時は現場を立入禁止せずに、いろんな人が自由に出入りできるような状況であったということになると、現場にあった物は勝手に持ち去られたり、あるいは、指紋がベタベタついたり、訳が分からなくなってしまうと思います。現場保存が全然できていない状況というのは、現場保存をあえてしないというか、事件を潰しにかかっているのではないかと疑われても仕方がないと思います。

こういうことは、現場の警察官が考えなければできないわけで、かといって、それが当時、担当した係長の判断一つでできることでもないようにも思われます。刑事課なら刑事課の課長代理であるとか、課長とか署長とか、あるいは警視庁本庁のいろんな警察官であるとか、あるいは、例えばZが警察官であるとするとその人が所属している人たちとかのいろんな人間関係があったり、種雄氏が亡くなったことについて真面目に捜査することによって何か表に出てはいけないような事実があり、そうなると非常に困るというような人から、あるいは、そういう情報を知っている警察の内部から、など何かいろいろな働きかけがあって結局現場の対応が不自然だったのかなとも考えられます。

前にもお話ししましたが、司法解剖は、東京地検管轄内、警視庁管轄内では、そこで発生した変死についてはほぼ全件、東京地検の検察官が司法解剖の令状請求をするという扱いになっています。

検察庁では、地方は宿直制度はほとんどないです。東京地検を含め数少ない検察庁ではまだ検察官の泊まりがあります。泊まりで何をするかと言えば、今回のような事件が夜中に起こった場合に、警察から連絡を受けて司法解剖の令状を請求するためにいると言っても過言ではありません。

交通事故で亡くなった人についても、ほぼ全件、検察官が司法解剖の令状請求をするわけですから、警視庁の警察官であればそのことは分かっているはずです。

しかし、今回、種雄氏の遺族が警察官から解剖する前に自殺したようなことを言われたというのは、実は司法解剖を検察官が請求するということについての意識がどこか頭から抜けていたのでしょうか。

司法解剖が行われた場合、死因についての鑑定書が後日検察庁に送られて来ます。2016年の再捜査のときに、例えば凶器との絡みで、解剖した医師に警視庁の捜査官がいろいろ話を聞いた結果、自殺したということはあまり考えられないというような意見をいただいているのではないでしょうか。

解剖もしていないのに警察官が遺族に「自殺みたいだよ。」と言うのは、仮に誰かから警察官が自殺にしろと言われたとしても、「司法解剖は検察官がするので、解剖したら、おそらく結果はこういう風になると思うので、ちょっとそういうのは難しいんじゃないですか。」ということを言えるはずだと思います。でも「いや、そんなことはどうでもいいからやれ。」、「どうでもいいから、こういう扱いにしろ。」とか言われる可能性もあるわけです。

不審死があったら、警察は一報を受けて現場に行き、それと同時に検察にも必ず連絡します。そして、司法解剖の令状を請求するかどうかは検事の判断になります。

おそらく、夜中に連絡が来たら、その夜中のうちに検事は裁判所に司法解剖についての鑑定処分許可状という令状を請求し、令状が出たら、警察を通じて司法解剖の執行嘱託をするという流れになります。結構スピーディにやります。それをしてなかったということはないと思います。必ず検察に連絡が行き、死体については司法解剖しているはずです。

種雄氏は、刃物で刺されたり切られたりしたことによる失血死なのか、動脈瘤のような病的な原因で亡くなったのかというのは解剖しなければ分かりません。

刺されたということが原因だとしても、その刺され方というのが、刃の向きが上向きなのか、横向きなのか、下向きなのかという問題もある程度分かるわけです。

◆二度付きしているかどうか

私の経験で言いますと、意図的に相手を刺すときには大体二度付きします。

二度付きというのは、一度刺して、その後少し引いて、またグっと刺すことです。人間は、無意識のうちに二度付きします。二度付きしたかどうかというのは解剖の結果で必ず分かります。ですから、二度付きしているかどうかというのは、自殺かどうかということを判断する上では非常に大きな判断材料にはなります。

例えば、今回仮に第三者がやったということを考えた場合、私の想像では、刃物を逆手に持つと思います。それで後ろから、前に向かって手を伸ばして刺したと思います。そうすると刃の向きは、下向きではなくて、上向きか横向きになると思います。例えば、左から回したら、右の方に向く、つまり、刺されやすい方向で刺すと思います。右利きか左利きかで違います。今言ったのは、右利きという前提です。

いずれにしても、刺すときには、自分は怪我したくないので、切れる方が外になるのではないかと思います。そして、先程話した二度付きしているかどうかというのは大きい話です。もし天井に血痕がついていたのでしたら、刃物を抜くときに刃が上向きだったから天井についた可能性があると思います、

大量の薬物が体の中にあったというのは、亡くなった後に何らかの罪証隠滅というか、自殺と見せかけるために、誰かが注射かなんかで入れたのではないかと想像します。そうすると、注射痕があるかどうかというのも大事なことになります。

仮に私が捜査するのであれば、当時の警察関係者とZとの関係とか、種雄氏の携帯電話

の通信履歴であるとか、そういうものも洗いざらい捜査します。ひょっとしたら警察の中に何か原因があったのでないかという疑いを持って捜査したと思います。

捜査を警察が積極的に丁寧にしなかったとことの理由として、もしかしたら種雄氏が外国国籍といったことがあるのではないかと言う方もいますが、私の経験では、被害者が外国国籍だからという理由で捜査を怠ることは考えられません。被害者が外国国籍であってもしっかり捜査しないといけないし、外国国籍だからこそ難しい問題というのもあるからです。

２０００年７月に神奈川県三浦市でイギリス人女性が強姦されて死亡した事件がありました。あの事件は、遺族の方が熱心に捜査を求め、裁判になっても非常に熱心だったわけです。逆に変な対応を取ると外交問題にもなってしまう可能性もあるわけです。ですから、そこはむしろきちんとやらないといけないという発想になると思います。

２００６年当時、あまり熱心に捜査されなかった理由は、外国国籍だからということではなくて、もっと違うところで、現場警察官の人間関係とかの影響があったり、Ｚの絡みのいろんな利害が考えられますので、そこはその疑いがあるかどうかしっかり捜査しないといけないと思います。

今回の不審死事件について、警察が事件性がないと言っても、「それは警察の判断でしょう。警察庁長官がそういうことを言っても、それは警察という組織が判断したことでしょう。しかし、検察はまだ判断していませんよ。」ということを是非理解してもらいたいです。

前から申し上げているように、司法解剖をするときは、検察官が令状請求するので、既に検察庁は認知立件して事件番号を立てているわけです。そうすると、検察はこの検察事件についてその後何をするのかということに目を向ける必要があります。

まず、鑑定書は、大体解剖から三か月ぐらいしてから検察庁に送られてきます。警察には送られてきません。ですので、警察が遺族に対してあまり解剖状況について説明していない理由があるとすれば、「いや、うちには鑑定書が来てないですから。」鑑定書は検察庁が請求して検察庁に来ていますから。」という言い方はあると思います。他方で、検察には鑑定書が来るので、死因については大体状況が分かります。そして、その後の警察の捜査はどうなっているのかと警察の捜査状況をウォッチしているわけです。

検察庁では、毎年、会計監査以外に事件監査という業務監査があります。事件が揉み消されてないか、不当に処分されていないか、放置されていないか、違法な手段で捜査していないか、そういうことを監査として毎年チェックします。

その中で、司法解剖した案件でまだ事件が検察庁に送致されていない事件については、その後、必ず検察官から警察に対して「この事件、その後、どんな捜査をして、どうなっていますか。」と文書で照会します。ですから、それに対して毎年警察から「今こんなことをやっています。こういうことが分かりました。」と書面で回答されてくるわけです。

その内容を検察官が信じて、まだ現在捜査中なんだな、と見守っているのです。その間、検察事件については中止処分にしています。そして、検察から警察に対して文書での捜査状況の照会とこれに対する警察からの文書での回答というのは、毎年更新されるのです。

この事件が２００６年でまだ送致されていないということは、現在に至るまで、警察から毎年送られてくるこの回答書に本当のことが書かれているかどうか分かりませんが、もし虚偽のことが書かれていれば、時効7年の虚偽公文書作成罪、同行使罪の対象になります。そういう書面が検察庁に来ているんだろうと思います。

つまり、検察では、検察事件として認知立件して事件番号がついているし、司法解剖もしているし、毎年警察から捜査状況について文書で回答も来ますので、毎年警察が検察にどのように報告しているかというのも着目点だと思います。

もし既に送致されているのでしたら、検察官がとうに不起訴にしているはずですから、まだ送致されていないのでしたら、私が言ったような警察に毎年照会し、毎年警察から回答書が送られてくるということはずっと続いていると思います。

その点の文書の内容に虚偽性があるのかどうか、検察はチェックすべきだと思います。

第6章　未送致が意味すること

捜査の矛盾と警察の苦悩

リスクマネジメント・ジャーナル　第１８４回
２０２３年10月17日公開

◆遺書の準備は？

この事件、9月28日の遺族の公開インタビューで、まだ送致されてないということが分かりました。つまり、２００６年の事件発生当時から今に至るまで全く送致されていないわけです。もし２００６年の捜査当時の判断で、事件性がないとか、自殺だと判断していたのでしたら、当時、すぐに証拠品をつけて事件を検察庁に送致すればいいわけです。そうすれば証拠品は処分されて、うやむやのうちに終わっていたと思われます。ところが送致されていないわけです。

ここから先が不思議なことですけれども、誰か警察の関係者が絡んでいたとすれば、本当に自殺に見せかけようとしていたのかどうか、というところがすごく疑問です。

例えば、犯人の側から考えてみて下さい。

私は、前から言っているように、自殺に見せかけるのではなくて、第三者が家に入ってきて犯行して逃げていったというストーリーにしようとしていたのではないか、ところが、何らかの事情があって、自殺したように見せかけようとしたというストーリーに変えたのではないか、と思うのです。

もし最初から自殺を装うのでしたら、偽物の遺書を準備することは可能だったからです。しかし、偽物かどうかも含めてそういう遺書的なものはありませんでした。それから、種雄氏が自殺したいということを周囲に漏らしていたかどうかについても、例えば、X子、Zなど周囲の関係者が「種雄さんは常々自殺したいと言っていました。」と供述することも可能だったわけです。しかし、彼らはおそらくそういう供述をしていないのではないかと思います。

しかも、いろんな事情があったのでしょうけれども、X子は、警察に連絡される前に「私が刺しました。」ということをYに電話したと言われています。ということからすると、最初から、自殺に見せかけようとはしていなかったのではないかと思うのです。

警察が送致してないということは、裏を返せば、事件性があるということなのであって、自殺とは見ていないのではないかと思うのです。

ところが、解剖される前に、警察は遺族に事件性がないような言い方をしているようなところもあって、いずれにしても、その後、送致しようと思えばいくらでもできたはずです。にも関わらず、なぜ２００６年当時送致できなかったのかというと、それは、検察官が嘱託した司法解剖に基づく鑑定、つまり、これに書かれている死因やその鑑定書の存在が自殺と考えて矛盾はないとして事件性を否定するのには邪魔だったからではないかと思われるのです。

◆鑑定

この鑑定について少し説明しますと、司法解剖すること自体と、その解剖結果に基づく死因の判断について、検察官が鑑定処分許可状の令状を取って専門家に嘱託します。

令状請求するに当たっては被疑事実を記載しないといけませんが、どういうことを書くのかというと、被疑者については「被疑者不詳」とします。そして、「被疑者不詳は、〇〇日頃、東京都又はその周辺において、被害者誰それに対し、不明の手段方法により殺害したものである。」という抽象的な文章だけになります。それに対してそれを裏付ける証拠をつけて請求し、鑑定処分許可状が出ると、検察官から警察を通じて専門家に鑑定嘱託します。

何を鑑定嘱託するのかというと、例えば、死因が何か、創傷の部位、程度、成傷器の種類及びその用法、死亡推定時刻、薬物やアルコール摂取の有無、既往症の有無、などです。既往症の有無というのは、刺されたとしても、実は元々の病気が原因で亡くなっているという可能性もあるからです。動脈瘤が脳の血管の中に詰まっていることが原因で亡くなることもあるのです。ですから、どんな死体であっても最終的に頭蓋骨や脳を切って動脈瘤があるかどうかを調べます。後で、実はこういう病気が原因で亡くなったということになると、死亡との因果関係が否定されてしまうからです。

ですから、どんな既往症があったのかとか、薬物やアルコールの摂取の有無及び程度も鑑定嘱託します。「その他参考事項」として、自殺の可能性ということも鑑定嘱託事項の中に書くこともあります。

もし警察がこれらの司法解剖の前に遺族に事件性がないとか自殺した可能性があるようなことを言ったとすれば、これは手続の流れとして矛盾します。ですから、この矛盾を解消できないために送致できないままになって、塩漬けになって何年も来てしまったのではないかと思います。

まだ検察に送致されていないということは、捜査は終了してないことになります。だからこそ、宙に浮いていたのを大塚署の女性刑事が２０１８年に見つけ、それから様々な捜査が再開されたのでしょう。

本来は、司法解剖のときは警視庁本庁の鑑識の者が立ち合います。鑑識の者が立ち会って、遺体の写真を撮ったりしていますが、その段階で本当に本庁の鑑識の者が立ち会っているのか、大塚警察署の鑑識の者だけが立ち会っているのではないでしょうか。

報道によると、２０１８年に三重県の方に殺人被疑事件という内容での捜索差押許可状を持って捜査員が捜索に行ったという事実があるようですが、にも関わらず、その後しばらくしていきなり捜査が中止になったようです。そうであれば、その段階で送致することも可能だったと思うのですが、そうなると、殺人被疑事件という名前で令状を取っているわけですから、さすがに矛盾するわけです。

◆なぜ未送致なのか

種雄氏の父親への公開インタビューによると、2006年には自殺だと警察から言われながらも、2018年の再捜査のときには事件性があると説明されたようです。にもかかわらず、露木警察庁長官の事件性を否定する発言はかなりイレギュラーであり、ここに警察の苦悩がにじみ出ていると思います。

警察にとって一番いいコメントの内容は、「事件性はありますが、被疑者不詳でまだ捜査中なんです。まだ被疑者が誰かはっきりしていないのです。」ということです。殺人事件は時効がないので、「被疑者不詳」という形で最後まで押し切ることが一番ずるいやり方です。

また、「具体的な内容は今捜査中なのでお答えできません。」という形で通すこともできたと思いますが、2018年になぜか突如捜査が終わってしまったわけで、その段階でなぜ捜査が中止になったのかという理由が必要になりますから、「被疑者不詳で所在不明」と説明することはできなかったのでしょう。

誰が被疑者かという捜査をやっている最中に突然中止になったのですから、その段階で検察庁に事件を送致するかどうかを判断するにあたって、被疑者が不詳とか所在不明であるとかの理由はつけられない。捜索差押許可状を取って捜索まで行っているのに、被疑者不詳で所在不明というのは理由にならないのです。かと言って、自殺したから事件性がないとの理由にするのには、あまりにも証拠と矛盾することが多いので、送致もできず、ずっと時が経ってしまったのでしょう。佐藤誠氏も突然捜査が中止になったということで、その理由についてはよく分からないと言っていたと思います。

ところが、その間、毎年の警察から検察庁に対する報告の回答書には、私の見立てでは、関係者所在不明であるとか、そのような適当な理由をつけているではないかという気がします。

◆最大の謎は、露木長官のコメント

非常に不思議なことは、やはり露木長官の発言です。というのは、本来長官が発言するのであれば、警視庁が捜査を終了し、検察庁に事件を送致した後にするのが普通ですが、まだ送致もされていないのに発言しているからです。しかも、捜査を担当している警視庁ではなく、警察庁の長官が発言するというのも極めて異例です。

現場で捜査をしているのは大塚警察署であって、警察庁ではありません。普通ならば、「〇〇の事件については、現在、警視庁において鋭意捜査中のものと承知している。」とか、「この事件については既に警視庁が検察庁に送致した。」とか、「近く送致するものと承知している。」とか言えばいいにもかかわらず、なぜ事件性を否定する内容にまで踏み込んだ発言を警察庁長官がしたのか。警視庁が何も対外的に言っていないにもかかわらず、先に長官が終了の発言を出したのです。ですから、その後、その理由付けについて警視庁では困ってしまい、いろんな人が集まって協議をし、中には自殺というのはさすがに証拠上難しいのではないのかという意見が出たのは当然だと思います。

おそらく、そのときの話の中でも、事件終了の理由とすると、被疑者不詳にするのかとか、しかしそれは事件終了の理由にならないですけれども、では所在不明、しかしそれでも事件として継続しているわけだから、などと話し合われたのでしょう。長官が終わりと言わずに「現在まで被疑者不詳です。所在不明です。鋭意捜査中です。」と言えば大事になることはなかったのに、「捜査は終わり」と言ったので、その理由は何かとなったら、被疑者不詳であるとか所在不明というのは理由にならないわけで、そうすると自殺ということしか結論的には出てこないのです。

では、なぜ自殺で事件性がないとしてすぐに送致されていないかというと、送致するには、これまで話してきたように、警察で送致書に総合捜査報告書を書いて付けなければならないわけですが、これが書けないことしか考えられません。

もし書けば、検察庁に事実と違うことを書くことになるから、前申し上げたようにそれが虚偽公文書作成罪とか同行使罪になってしまうので、それを恐れて書けないのではないでしょうか。それで困ってしまって、ずっと送致されないで現在に至っているというのが現状なのかなと思います。そこが警察の苦悩というところです。

２００６年にも２０１８年にも、そして現在に至るまで送致されてないということは、報告書が書けない、虚偽を書けないし、ということで塩漬けなってしまっている可能性があるということです。

長官はなぜあそこで事件性を否定することを言わなければならなかったのか。警察の現場とすると、どうしてああいう言い方をしたのかと。おそらく佐藤誠氏が驚いたのもそこだと思います。現場からすると、終わっていないわけですから、とても乖離している感覚を持ったでしょうし、反発もしたと思います。

そこには、我々の目に見えないいろいろな力が働いていて、警察庁の立場からすると、場合によったら、「警視庁から誤った情報を我々はもらったから、こんな発言をしたんだ。」という逃げの弁解も今後はできるのかもしれません。しかし、さすがに長官の発言ですから、それはもう無理でしょう。慌てて発言を出してしまったのではないでしょうか。

なぜあのタイミングで、しかも長官が発言しなければならなかったのかというのは最大の謎だと思います。

『週刊文春』が報じたから、もう慌てて出したとしか言いようがありません。警察庁長官の発言等については、通常は想定問答を作っていると思いますので、想定問答案について情報公開請求したらどうかというのを以前申し上げたと思います。どなたか情報公開請求した方がいるといいのですが。

◆検察庁を動かすには

いずれにしても、警察はもう動かないので、事件の捜査を動かすには検察庁しかないと私は前から申し上げていますし、今日は少しその辺もさらに詳しく申し上げたいと思います。

被害者ホットラインというのが検察庁にあります。東京地検の場合の被害者ホットラインの電話番号は03―3592―7611です。インターネットでも公開されています。これは、犯罪被害者であるとか、遺族の方がその事件について、今現在どうなっていますかということも含めて、精神的なケアについても、あるいは、金銭的なことでも困っている場合にもいろいろサポートしてくれるというものです。検察庁に対して、例えば、死因は何でしょうかとか、その後の捜査はどうなっていますかとか、きちんとしたプロセスを踏んでこの被害者ホットラインを使うという手も私はあると思います。

これを使えば、検察庁としてその事件を立件しているのか、この捜査は終了しているのかということが分かるわけです。ですから、遺族は被害者ホットラインで電話して対応したらどうかと思います。

警察の立場ですと、種雄氏は自殺した、事件性はないということですから、遺族は犯罪被害者遺族とはならないわけです。犯罪被害者給付金関係の法律がありますが、遺族は警察が定めた給付金をもらえるその対象から外れてしまっているのです。

もっとも、そのお金というのは、被害にあってから何年間以内に行使しないといけないというのがあります。もう事件から十何年も経っていますから、この期間の制限にも引っかかるので、結局、種雄氏の遺族は、犯罪被害者給付金とか犯罪被害者支援の関係の法律では保護されない、つまり警察の関係では全く保護されないということになるのです。

ただ、検察庁の場合は別です。これまで話してきたように、警察は警察の判断で事件性はないと言っているかもしれませんが、検察庁には別に検察事件があって、それについてはあくまでも犯罪被害者遺族という立場で対応し、検察庁として最終処分をするまでは被害者遺族としての扱いを受けられるものと思います。また、検察庁の場合ですと、精神面・生活面・経済面と多くにわたって応じてくれて、関係する機関や団体も紹介します。

ホームページにも書いていますから、是非検察庁の犯罪被害者ホットラインというのも利用していただきたいと思います。送致されてない状況であっても相談は可能なわけです。送致されてなくても、何度も申し上げたように、元々検察に事件番号があるからです。

「事件番号がついているから、警察の事件ではなくて、検察事件の被害者の遺族です。」

というスタンスです。

もし、検察の方が「やっぱり捜査はやるよ、検察事件もあるわけだから。」となると、この事件の捜査は検察庁だけではできないので、警察を指揮して捜査をやることになった場合に、警察は、「警察庁長官がコメントしたのだけれども、検察から指示されたので再び捜査することになりました。」というコメントを警察で出してやることになるのでしょうか。検察からの指示を突っぱねるわけにいきません。検事の指示に逆らうと、前に説明したように懲戒の対象になったりするわけですから、いずれにしても、そのときには警察とすると本当にどうしたらいいか分からなくて、むしろ「検事さん、どう対応したらいいか教えて下さい。」とでも言いたいぐらいかもしれません。しかし、その場合、検察庁からすると「それってうちに相談する話じゃないでしょ。」ということになると思います。

私は、検察庁において種雄氏の不審死事件について適正に処理されるよう毅然とした対応を示してもらいたいと思います。

とにかく、あの段階で警察庁長官がなぜ事件性を否定する発言をしたのか。やはり何らかの理由があるとしか思えないわけです。その何らかの理由とはいったい何なのか、それこそ闇ですけれども、遺族も皆さんも知りたいのではないでしょうか。

第7章　緊急配信！大丈夫なのか⁉
安田種雄さん遺族が「警察」に告訴状提出！

リスクマネジメント・ジャーナル　第186回

2023年10月20日公開

◆遺族が警察に告訴状を提出！

多くの方が遺族が警察に告訴状提出で大丈夫か、と思う方もいると思います。警察庁長官と警視庁捜査一課長が事件性を否定する発言をしている中で、今回、遺族から警察に告訴状が提出された、ということです。それではたして本当に警察は動くのだろうか、ということですが、私もかなり危惧しています。

と言いますのは、通常何もないところで告訴状が提出される場合、事件番号はないわけですから、それを警察は受理して事件番号を立てて捜査するというのが一般的ですが、今回の事件は元々事件番号があるわけです。２００６年にもう警察では事件番号を立てているわけです。実際にそれに基づいて、その後、捜索差押許可状の令状請求をしたりしている わけです。このように既に警察は立件していますので、今回の告訴状の関係で改めて事件番号は立てないことになると思います。元々ある事件の単なる関係証拠の一つということでこの告訴状を受理するという扱いになると思います。そして、その後、ある時点で、事件性は認められないとの意見をつけて事件が警察から検察庁に送致されると思います。ですから、告訴状を警察に出したからと言って、警察が本当に動いてしっかり再捜査をするんだろうかということについてはかなり危惧しているのです。

種雄氏が亡くなった直後頃、警察は遺族から被害感情について聴取して調書にするのが一般的です。例えば、今回の事件であれば、Ｘ子が最も身近な方ですし、種雄氏の両親についても、話を聞いたときに「犯人について絶対に許さないから、どうかしっかり捜査をして厳重に処罰して下さい。」というような調書を作成すると思います。今回の事件では、一部の情報によりますと、遺体についてＸ子が受け取りを拒み、最終的に種雄氏のご両親等の遺族に引き渡されたようですが、そうすると、その時点で警察と遺族との間でのやり取りがあるわけですので、その段階で両親から被害感情の調書を作成しているのが普通です。

もっとも、警察が遺族に事件性はないような言い方をしたというのであれば、場合によったらその段階で遺族からこのような調書は作成されていない可能性もあります。作成されていないのでしたら、遺族から告訴状が出されましたので、警察は遺族の被害感情とか処罰感情について話を聞いて、その調書を作成するという方向になるかもしれません。

警察がまだ送致してないのは私は、送致できない理由があるからではないかと思っています。７月13日に長官が事件性を否定する発言をしていながらまだ送致されていないのは不自然だからです。

実は、警察と検察庁との間では、年内の在宅事件の送致は12月初旬頃までにすると大体決められています。ですから、遅くとも12月初旬頃までに警察は送らないといけないということで、現在、そのタイムリミットが近づいていて、どのように捜査報告書をまとめたらいいのか非常に困っている状況ではないかと思っています。

事件が警察にまだ発覚してない段階で、被害者が被害届を出す、あるいは被害者や遺族が告訴状を出すといった場合には、警察は被害者や遺族から詳しく事件の話を聞いた上で、その裏付け捜査をして、一つひとつ捜査していきます。ところが、今回は、そうではなくて、既に警察として形ができていて、実質的に既に捜査は終了しており、あとはもう書類だけ検察庁に送るという段階に来たときに、遺族から告訴状が提出されたのでしょう。遺族から捜査を進めて下さいとの要望が出されたわけですが、警察は、その前に遺族から出された要望書と同じように、単に遺族から捜査要望の書類が来たに過ぎないという程度にしか対応しないのではないかと思います。

遺族がなぜ検察庁ではなくて警察に告訴状を提出したのかについてですが、『週刊文春』の記事等によりますと、代理人の弁護士は、大塚警察署に提出したのは、検察には独自で殺人事件の捜査をする能力がない、事件当時のことを一番よく知っているのは大塚警察署だからというようなことを言っているようです。確かに、殺人事件を捜査する能力については、検察は人員的には乏しいです。ただ、どんな事件であっても、検察は警察を指揮して捜査し、また自分たちも事情聴取して捜査していくので、検察庁に告訴状が提出されたとしても、検察庁が独自で捜査をする場合もあれば、警察を指揮してする場合もあるなど、いろんなバリエーションがあるので、なぜあえて検察ではなくて警察にしたのかという疑問があります。

それと、なぜ提出先が警視庁本部の捜査一課ではなくて大塚警察署だったのかという思いもあります。事件当時のことを一番よく知っているのは大塚警察署だということですが、確かに事件が発生したのは大塚警察署管内ですけれども、当時の捜査員は異動したり退職していて、もう誰もいないはずです。そうすると大塚警察署でこの事件のことをよく知っている人というのは本当にいるのでしょうか。２０１８年に捜査が再開されたときには、捜査一課の人が派遣されて、実質的に捜査一課が引き取った形で捜査をしており、遺族に対する説明についても捜査一課の捜査員がしているわけです。

そういうことを考えると、実際にどういう取扱いになるか分かりませんが、告訴状を提出するのであれば、大塚警察署ではなく警視庁捜査一課に提出するというやり方もあったと思います。その場合、書類その他は、大塚警察署ではなく、警視庁捜査一課でまとめて、ただ形としては大塚警察署から検察庁に送致されるという形になるわけです。

◆検察の動き

検察は、財政経済事件であれば、特捜部についての報道もあってよく分かりますが、

殺人事件になった場合、あまり表には出ません。例えば犯人が捕まってない、犯人が分か

らないような事件は、通常警察に捜査本部が設置されます。そういう事件は、所轄ではな

く本部の捜査一課が担当します。そして、このような事件の場合、検察庁では、例えば東

京地検では刑事部の本部係検事と本部係補助検事が担当することになっています。

このような事件が発生すると、警察から必ず本部係に連絡が行き、今後の進め方について協議してやっていきます。捜査一課が勝手にやることはない仕組みになっています。それはなぜかと言うと、最終的に捜査が進んで起訴されたとして、証拠の収集方法に問題があったり、例えば目撃証言を得るときに変な誘導をしていたりすると、結局、裁判では証拠価値がなくなって使えなくなってしまうので、初期の段階から警察を指揮しながら一緒に協力して捜査をやっていくのです。つまり、適正手続を確保しながら捜査を進めていくためです。

司法解剖には、大体、検事も直接行って立ち会います。鑑定書は、提出されるまでに三か月位時間がかかりますから、解剖の場で執刀した医師に直接質問をします。疑問点があれば、その場で聞くのです。例えば、一般論としてですが、家が燃えてその中で死体があったときに、殺された後に火をつけられたのか、生きた状態で火をつけられたのかまだ分からないときがあります。ですから、その点も含めて解剖して鑑定してもらいます。生きている状態で煙、一酸化炭素を吸った場合にはヘモグロビンが血中に増えるので血の色

が鮮やかな赤色を呈したり、苦しくなるからボクサーのような形をするとかあるわけです。このような点を踏まえて、司法解剖の場で「先生、この点はどうなんでしょうか。」などと質問したり、確認したり、指摘するわけです。

私が検察で担当した事件で、外国人と思われる白骨死体の事件がありました。身元が全然分かりません。そのような状況の下に、解剖した結果、死因は大体鋭利な刃物で胸部を刺されたということは分かりましたが、司法解剖の医師は、さらに頭蓋骨を割って、動脈瘤による死亡の可能性を確認しようとしました。

そのときに、私は警察と解剖医に頭蓋骨を割ることを中止してもらいました。被害者の身元を特定するためには、スーパーインポーズという技術で頭蓋骨から生前の顔の復元をしないと人物の特定が難しいと思ったからです。その結果、スーパーインポーズによる顔の復元ができて、中国東北部の出身の男性ということまで分かり、これに基づき被害者の身元が中国人の誰それということを特定できたのです。

ですから、捜査の初期の段階から検事が関与するというのは真相解明にとって非常に重要なことなのです。

また、関係者の取調べの進め方、順番などについても、警察と検察でその役割を分担もします。そういうことも含めて、検察は警察と事前協議して捜査を進めていくのです。

ところで、種雄氏の事件の再捜査が始まった2018年に三重に行って捜索差押許可状を執行していますが、通常ならば、このとき、事前に警察は検事に伺いを立てて相談していると思います。もし令状を執行した段階で何か不測の事態が発生した場合には、そこで現場にいる人を公務執行妨害罪の現行犯人として逮捕することもあり得るわけです。ただそれを捜査一課がやるのか、地元の三重県警の警察官がやるのか、そういうオペレーションのことも考えなければなりません。ですから、そういうことも含めて、通常は検事に相談していると思いますが、ただ、今回の事件について、大塚警察署や捜査一課が事前に検察庁に相談していたのかどうかも知りたいところです。

本件ではまだその辺のことは分かりません。しかし、一般的には、まだ犯人が分かっていない不審死事件が起こった場合には、警察だけでなく、地検も一緒に動いていると見ていただければと思います。

2018年のときは、報道によると、警察は捜査一課の者を30人も投入してやっていたということでしたので、かなり大規模な形でこの捜査が再開されていたと思います。そうであれば、事前に地検にも相談し、捜索差押許可状も地検から事前に了承を得て取っていると思います。ですから、もし警察が自殺という形で終わらせようとしているのであれば、地検は事前に全く連絡を受けていない可能性があります。その辺がブラックボックスでよく分かりません、

発生当初は、検察庁は、事件番号を立てて鑑定処分許可状を請求し、その鑑定書の原

本も専門家から送られてきているはずですから、検察庁は当然事件性はあるという前提で来ていると思います。ですから、その後の警察庁長官の事件性を否定する発言というのは、事前に検事の耳には全く入っていないのではないでしょうか。

２０１８年になって捜査がある程度動くようになっても、その際も検事は警察から事前に相談を受けたり報告を受けたりしていて、その際も事件性ありという前提で動いていたと思います。それが突然警察の捜査が中止になったわけです。その中止の理由を警察はどのように地検に説明しているのでしょうか。あるいは説明していないのか。地検としては、「警察が中止というのであれば静観しましょう。」ということになって、ずっと今に至って続いているのではないでしょうか。それが、今度は地検に事前の説明も了承もなく、突然、中止から「事件性はない」と判断して勝手に発表したのではないでしょうか。

◆検察へのアプローチ

警察に告訴状が提出されたとしても、そのことからすぐには検察は動きません。

そこで、検察を効果的に動かすために私が提案したいのは、前からお話ししていますように、警察事件だけでなく検察事件もあるのですから、警察への告訴とは別に、検察庁に対して、検察事件について犯罪被害者遺族という理由で、種雄氏の両親が除籍謄本など身分確認の書類を持って検察庁に行き、担当検事に、どういう死因で種雄氏が亡くなったのか、検察事件の捜査状況はどうなっているのか、ということを尋ねるとか、被害者ホットラインを使って連絡するという方法です。もしその際の検察庁の対応が良くなければ、法定外通報対象事実ということで、検察庁内の内部通報の規程を使って、その点について苦情を通報して動いてもらうとか、そういう形も合わせてやった方がうまくいくのではないかと思います。

佐藤誠氏の『週刊文春』の話によると、司法解剖は行われているということですから、警察とは別に検察事件もあることは事実ですから、それをうまく利用しない手はないと思います。

警察に告訴状を提出したこと以外に、検察庁にもアプローチして説明を求めることが事件解決の早道になり、遺族も犯罪被害者遺族としてのいろんな保護も受けられると思います。警察庁長官が事件性を否定する発言をした以上は、警察では種雄氏の遺族は犯罪被害者遺族ではないという形になっていますので、警察からは遺族としての様々な支援は受けられません。ですから、むしろ検察事件の犯罪被害者遺族としての支援を受けられるようにした方がいいのではないかと思います。

第8章　今、検察のすべきこと！警察事件、検察事件に関する想定されるシナリオとリスク回避方策

リスクマネジメント・ジャーナル　第１８９回

２０２３年10月31日公開

◆警察事件についての今後の考えられるシナリオ

この事件は、警察事件と検察事件と2つ事件がありますが、警察事件について今後の考えられるシナリオを説明したいと思います。

告訴状が大塚警察署で一応受理されたと言われていますけれども、私は、それは単なる関係書類の一つであって、記録に綴られていずれ検察庁に送致される、警察は自殺と考えて矛盾はなく事件性はないとの意見をつけて検察庁に送致する、したがって、警察ではこれ以上真相の解明をしないのではないかという危惧があることをお話ししてきました。この考えは今でも変わりありません。

◆シナリオA

告訴状が出されたと言っても、それは単なる被害者遺族の被害感情、処罰感情について書かれた文書として取り扱われるに過ぎないのではないかというわけです。

よく考えてみますと、事件発生当時、種雄氏の父親が現場に行って種雄氏を発見したというのですから、警察は当然父親から事情聴取しているわけで、その中で調書を作成しているると思います。そして、父親は、その調書の中で、犯人は許さないからしっかり捜査して処罰してほしいということを述べていると考えられます。ということは、何もわざわざ告訴状という書面がなくとも、遺族の被害感情、処罰感情の証拠は作成されているのです。再審事件では一見明白な新たな証拠が発見されるということが再審事由になるように、今回の事件でいえば、警察は新たな証拠が出てくれば再び捜査を進めるという可能性あると思いますが、単なる被害感情、処罰感情と捜査の要望についての文書が出されたというだけではこれまでの捜査の状況を変えるようなことはないと思います。

ですから、考えられるシナリオＡとすれば、その告訴状を記録に綴って、しかるべき時期に事件を検察庁に送致する。内容とすると、事件性がない、自殺と考えて矛盾はないという形で警察の意見をつけて送る、ということが考えられます。

ただ、これには非常に大きな問題があります。これまで繰り返しお話ししていますけれども、この場合、警察は種雄氏が自殺したという形で事実と違う内容の総合捜査報告書を作成しなければならず、そうなってしまうと、作成する警察官が虚偽公文書作成罪、同行使罪という罪を犯すことになってしまうからです。そして、場合によっては、これを作成する警察官は上司から犯罪をさせられるということになるわけです。

虚偽公文書作成罪、同行使罪の「虚偽性」というのは、２つあります。

一つは、事件性の有無ということについてですが、もう一つは「捜査の経緯」についてです。なぜこの時期に検察庁に事件を送るのか、ということとも絡んできます。

検察庁に事件と証拠を送ることを意味する「送致」という言葉は、在宅事件の場合には「送付」と言いますが、ここでは「送付」も合わせて「送致」と言って説明します。

2006年の段階から2018年に再捜査がされた段階に至るまで、いろんな段階で送致することは可能だったわけです。

もし、2018年に捜査が終わりだと言われたならば、その時期に送致するのが普通だと思います。しかしそのときからもう5年も経っています。その5年の間に警察は一体何をしていたのか。これについて警察は検察庁にどのように報告書に書くのだろうか。放置したということにするのか、あるいはこんな捜査をしていたんだということを具体的に書くのか、その辺の捜査の経緯についての説明は大事なところです。

自殺と考えて矛盾はないかどうかという事件性についての判断はこの事件のキーポイントですけれども、これまでの捜査経緯、なぜ送致がこの時期なのか、その間どんな捜査をしていたのかということについての説明の方が、特に大きな問題だと思っています。

2006年から現在に至るまで送致されていないことの理由を捜査報告書に書かなければなりません。いつ、どのような捜査をしたのかということを時系列的に書く必要があります。それが警察とすると非常に難しい、書けないということもあるのではないかと思っています。書類として書いて、それを検察に持っていかないといけない、もしかしたらその報告書はスカスカの内容になる可能性もあります。

あるユーチューバーと思いますが、死因については自殺の可能性とその他の可能性を書いて結局よく分からないという両論併記みたいなことで送る可能性があると言っている人がいることを耳にしたことありますが、それはありえないです。そうであれば、捜査を尽くしてないということです。もっと捜査しなければならないということを自ら認めているようなものだからです。警察とするとどちらかに決めなければならない、決めなければ送れないのです。

佐藤誠氏も、これは本当に捜査を尽くさなければならない案件なんだということを繰り返し言っていました。この「捜査を尽くす」ということは、単純に言うと、例えば、事件性がはっきりしていて犯人がある程度分かっているがまだ捕まらないという場合は、その犯人を逮捕して事件を検察に送致し、さらに検察が捜査して起訴するかどうかを判断するまで捜査を尽くさなければならない、ということを意味します。

しかし、まだ犯人が分からない事件もあります。例えば、世田谷一家惨殺事件などはそうです。そうした場合であっても、犯人を特定して逮捕し送致するまではずっと捜査を続けなければならないのは当然なんです。殺人罪には時効が撤廃されているからです。この捜査は現実的にはいつまで続くのかというと、被疑者と思われる人の年齢が90歳とか

１００歳くらいになったときには事件を検察庁に送致し、検事はその段階で嫌疑不十分で不起訴処分とする、という扱いになると思います。

捜査を尽くすやり方にはいろいろありますが、それには時間がかかります。

佐藤誠氏は、当時の防犯カメラの映像がないことや関係者の証言がすごく少ないことを言っていました。２０１８年にこの事件の捜査に入るときに記録を見たらこれしかないのと驚いたということを言っていたと思います。ですから、２００６年の事件が発生した一番証拠が残っている段階であるにもかかわらず警察はあまり捜査をしていなかったことが原因で実は送致できなかったのではないか、このまま検察に送致したら検事から怒られ、捜査不十分ではないかとして戻されることを恐れていたのかもしれません。それで、結局、送致するための報告書をなかなか作れないでいる。他方で警察庁長官が7月13日の会見で事件性を否定する発言をしているにもかかわらず、その後も10月下旬になっても送致していません。

先ほども申し上げましたけれど、警察と検察庁との間では12月初旬頃までに年内の在宅事件の送致をしなければならないという約束事がありますので、この事件だけ例外というわけにはいきません。例外にするのであれば、その理由が必要だと思います。そういうことも含めて、今、警察は、事件をどの時点で送るのか、理由をどのようにしたらいいのかということで非常に困っているのではないでしょうか。

◆シナリオB

次に、シナリオＢですが、これについては本当にこういうことになるかどうか私には分かりません。警察とすれば、当然リスク管理が必要です。警察のリスク管理、リスク回避とすれば、こういうことを考えているのではないか、ということで考えられるシナリオです。

それは、送致しないで、捜査継続中ということにして塩漬けにする方法です。

長官の発言後に警視庁がさらに吟味した結果、さらに捜査を尽くすというのであれば、警察庁とすればそれを見守るだけだ、というように起動修正する可能性もあるわけです。そうすれば、長官自体も傷つくことはないです。言ってみれば、警視庁からの報告が変わったんだという理由で逃れられるわけです。

その中で一番過激なことを申し上げると、警察庁の方でその後警視庁に確認したら、自殺と考えて矛盾はないというのは実は捜査一課長が個人的見解を憶測として述べたことであったと。これについては大変遺憾なことである。事件性が認められないとの警視庁の判断も、この捜査一課長の当時の個人的見解に基づいたものであって、この点、警視庁から警察庁にそのような報告が来た。この点も大変遺憾である。警察庁とすれば、警視庁に聞いたところ、さらに捜査を継続するという報告を受けている、とすることです。

そして、個人的なコメントをして混乱を招いた捜査一課長を更迭するというシナリオも考えられます。捜査を継続して塩漬けにすれば、虚偽の報告書を書かないで済むわけです。

捜査一課長に泣いていただく。捜査一課長には警察のために責任を取ってもらい、この事件について波風が立たないようにしてもらう。こういうシナリオは一つ考えられると思います。捜査一課長に全部責任を取らせてゴタゴタを終わりにすることで、捜査をずっと継続させ、送致しないままにしておく、ということです。

死因がよく分からない、自殺の可能性と第三者に殺された可能性もあるし、誰が被疑者かという特定も難しいので、捜査はするけれども塩漬けするということです。

◆中止処分と再起

ところで、元々、警視庁管内の事件は検察も認知立件して司法解剖の令状請求をしますので、検察事件もあることは繰り返し話しているとおりですが、検察はそういう事件をずっとそのままにするのではなく、どこかで「中止処分」にします。

いったん中止処分にした上で、警察に対して、毎年、何を捜査しているのか、どうなっているのかということを照会して文書で回答をもらい、その後、警察から検察庁に送致されてきたら、今まで中止処分にしていた検察事件を再起し、再度検察事件として捜査を再開した上で警察事件と検察事件を一緒に処分するということをやっています。ですから、おそらく今回の種雄氏の関係も、検察事件は中止処分にしているのではないかと思います。

それが再起されたかどうかは分かりません。警察からの送致を待って再起するのか、あるいは、現時点で検察庁独自の判断で再起して捜査しているのかもしれません。

なぜ私がこのシナリオＢのことを言ったのかというと、警察庁長官の発言に強い違和感を覚えたからです。長官が事件性は認められないということを警視庁が明らかにしているということを先に言う、つまり、警視庁はまだ全然明らかにしていないのに先に長官がこのようなことを言うからです。しかも、警視庁が既に検察庁に送致しているならまだしも、まだ送致もしてない上に、長官の発言の後に捜査一課長がさらに発言する、しかもその発言は、言っても事件性があるかないかだけを言えばいいのに、あえて自殺と考えて矛盾はないとまで踏み込んでいるのです。

ですから、警察庁はそのイレギュラーな捜査一課長の発言を自分たちのリスク回避の方法として使うのではないか、と思うのです。

警察庁は、事件性なしと慌てて言ってしまったけれども、捜査一課長に責任を押し付けて塩漬けにするという可能性が残っているような気がするのです。

◆シナリオC

もう一つ、シナリオCが考えられます。実は、シナリオCが一番大事です。このシナリオは、真面目に再々捜査をするということです。ただ、この場合は、長官の発言と矛盾することになるわけです。なぜ告訴状が出ただけで、長官の発言と違って捜査をするのか、警察はそこをどのように整理するのかという問題が出てきます。

結局、2006年の事件発生当時の捜査の様々な問題と、2018年の捜査中止の関係についての解明についても余儀なくされてしまいます。ということで、シナリオCは、警察にとっては非常に厳しい立場に置かれるわけです。しかし、国民が望んでいるのはこのシナリオCだと思います。はたして警察はシナリオCで動くのかどうか、というのは注目すべきところだと思います。

今は再々捜査するような雰囲気があるとか、告訴状の提出によってその気運は盛り上がったという人もいるようです。しかし私は、逆に、警察は告訴状の提出を送致を先延ばしにする時間稼ぎの方法として「告訴が来たんだから、これをうまく利用してやれ。」ということで使う可能性があると思っています。総合捜査報告書がなかなか書けないから、時間稼ぎの手段として告訴状を受理したような気もするのです。

私の見通しとして、シナリオCの再々捜査の可能性は多分ないだろうと思います。

私は警察とすると、シナリオＢに踏み込む可能性があるのではないかと見ています。ずっと塩漬けにして、検察からどうなっているんだと訊かれても「まだ捜査しています。」と言い続けて、それがずっと延々に繰り返されていくということです。

もしシナリオＡで進めるとすれば、あくまでも長官の発言に矛盾しないために、せっかく告訴状を受理したのにあえて送致を近いうちに強行するということになるのだと思います。

◆検察事件は待ちの姿勢でいいのか？

次に大事なことは、本件については、警察事件だけではなく検察事件でもあるということです。

私は、検察に対しては、告訴状を提出しなくとも、簡便な方法ということで繰り返し話していますが、検察事件の犯罪被害者遺族として検事に直接聞きなさい、あるいは、検察庁の被害者ホットラインを使いなさいとか、これに対する検事の対応がよくなければ法定外通報対象事実の準内部通報制度を使いなさいとか言ってきました。これは全部、検察とすれば待ちの姿勢です。しかし、検察は本当に待ちの姿勢でいいのか、という点をお話します。

検察は、今のところ、検察事件について中止処分になっていると思いますが、もし、今の状況で検察がこの検察事件の捜査をこのまま放置するならば、適切に捜査や捜査指揮をしていなかったということになってしまうと思います。警察に対して適切な捜査指揮をしなかったし、自らの捜査もしなかった、その不作為のために証拠が散逸してしまい、結局うやむやになって訳が分からなくなってしまったということで、検察に対して遺族から国家賠償が請求されるおそれもあると思っています。

検察は、そういうリスクをどのように考えているのでしょうか。少なくとも『週刊文春』の報道が出てからは、検察は、待ちの姿勢ではなくて積極的に動かなければ「検察として何やっているんだ。」と言われると思います。もし、警察のこれまでの事実と違う報告を信じていたから中止処分にしたままにしていたけれども、『週刊文春』の報道によって、えっ、ということになったので、速やかに事件を再起して、例えば、死因についての鑑定書の内容について解剖医に直接事情聴取をするとか、他の法医学者に再度鑑定嘱託をしてその意見を求めるということは最低限度始めなければならないと思います。

他に、検察は、佐藤誠氏を参考人として事情聴取して、これまでの警察の捜査の経緯を聞くとともに、警察から送られてきた書類の虚偽性のチェックもしなければならないと思います。

また、警察から送致されてないのであれば、早めに送致させる、そして仮に自殺なら自殺と判断した根拠を明確にさせるとともに、これまでの捜査経緯について詳細に報告書にして送致記録につけてもらうべきでしょう。そして、過去に警察から毎年送られてきた捜査状況についての回答書やこれから送られてくる送致書の中の報告書について虚偽公文書作成罪、同行使罪の立件も視野に入れて捜査を行うべきではないでしょうか。そして、虚偽公文書作成罪、同行使罪は司法取引適用対象犯罪ですので、その活用を検討することも視野に入れるべきではないでしょうか。

もし事実と違う内容の報告書があれば、それは警察による組織犯罪に近いようなことになるわけですから、そういうことも視野に入れて、検察は待ちの姿勢ではなくて、今から動かないといけないと思います。

これだけ話題になっていれば、検察でも普通は気になると思います。先日退職した警視庁刑事部の井ノ口参事官は、かつて捜査一課長もなさった方ですから、この方から事情聴取してこれまでの捜査の経緯を確認していくということも始めないといけないのではないかと思います。そして、実は私たちが知らないだけで検察は既にそれを密かに始めていると期待したいです。

不起訴になれば検査審査会の審査がある、これによって起訴強制ができるなどという方もいますけれど、被疑者不詳での起訴強制はあり得ません。そもそもこの事件は被疑者不詳ですから。不起訴不当という議決が出る可能性はありますけれども、起訴相当という議決が出ることはあり得ません。検察審査会の制度としては起訴相当の議決が２回出れば起訴は強制されますけれども、今回の事件で検察審査会にその議決を期待するのは現実的ではありません。

検察が捜査する場合に何を捜査しなければならないのかということですが、もちろん死因の解明がありますけれども、ほかに、凶器を特定したりその入手先を調べたり、親族の取調べや交遊関係の取調べとか、携帯電話がまだ見つかっていないのであればその通話履歴を電話会社に照会するとか、当時ＧＰＳ機能があったのかどうか分かりませんがその携帯電話が当時どの辺にあったのかとか、種雄氏だけでなく当時の関係者の通話履歴の捜査も最低限度やらなくてはいけないないです。薬物と種雄氏との関係もそうです。

発生から相当時間が経っていますから、普通の捜査と違って、真相解明へのキーポイントになる人というのは、種雄氏の当時の妻Ｘ子とそのお子さんだと思います。お子さんは当時から17年も経っていますから、成人になっていると思います。自分の父親がどのような原因で亡くなったのかということについては、同じＤＮＡを引き継いた子供とすると関心がない訳はないと思います。

お子さんに捜査機関からのアプローチがなかなか難しいのであれば、ジャーナリストの方にお子さんと人間関係を作って聞き出していただければと思っています。昔、弘前大学教授夫人殺し事件で、読売新聞の記者の協力の下に真犯人の証言が出て、再審で無罪になったこともあります。

捜査機関ができることにも限界があり、逆にジャーナリストだからこそできることもあるわけですから、真相解明ということで言えばその辺はジャーナリストにも期待したいと思っています。

検察の捜査は、警察以上に厳しいものです。ですから、警察は、いつも、検事からこれはどうなっているのか、あれはどうなっているのかと指摘されないように頑張ってやっているわけです。検察は、裁判でどうやって有罪に持ち込むかということを考えますので、裁判で証拠として耐えられるものを収集しなければなりません。単に証拠があればいいということではなくて、質の高い証拠を求めることになるので、ハードルが高いのです。

最後にもう一度申し上げますが、今回の事件を動かす最終手段は、検察をどのように動かすかということです。警察は、警察庁長官の発言があるので、告訴状が提出されたとしてももうダメだと思います。

第9章　X子の疑惑徹底考察と検察の武器

～刑事訴訟法２２６条～

リスクマネジメント・ジャーナル　第１９４回

２０２３年11月21日公開

◆なぜX子はYに自分に極めて不利な告白をしなければならなかったのか？

今回は、X子の疑惑はどういうところにあるのか、ということについてお話しします。種雄氏が亡くなった直接の実行行為者がX子なのかどうか、ということは一つ考えなければなりません。これまで、動機との関係ではX子にそのような動機がないのではないか、ということをお話ししてきました。

しかし、ここで考えなければならないのは、佐藤誠氏が『週刊文春』に話したことです。これによると、佐藤誠氏がYから事情聴取した内容では、Yは「実はX子から『種雄君が刺せと言ったので私が刺した。』というようなことを電話で連絡を受けた。それで驚いて現場に行ったら、確かにそこに種雄さんが倒れていた。」という話だったと思います。もしYの話の内容が本当のことであれば、なぜX子は「自分が刺した」とあえて自分が犯人であるという極めて不利な告白をYにしなければならなかったのか、その点に注目したいのです。

X子はYに「種雄さんが自分で自分を刺した。」とか、「気がついたら種雄さんが倒れていた。」というような言い方もできたと思います。それを、なぜ自分に不利なことをYに告白したのでしょうか。このような告白をすれば、Yが後に警察で取調べを受けたとき、実はX子からこういうことを言われたんですと話せば、それが一つ有力な証拠になって、場合によってはＸ子が逮捕されて有罪になる可能性があるわけです。にもかかわらず、なぜＸ子はそのような自分に不利なことを言ったのかという点です。

Ｙは、これまでＸ子が種雄氏との関係についていろいろ悩んだときに相談を受けていたとか、場合によってはもう少し深い関係にあったのかもしれません。そういう意味で言えば、身近に相談できるような存在であったと思います。

もっとも、実際にＸ子がＹに対してどのような感情を抱いていたのかは分かりません。ただ、いずれにせよ、どうして、Ｙに対してああいう言い方をして現場に呼んだのか、という点が気になるのです。私が思うには、Ｙに必ず来てもらうためにはそこまで言わないとダメだったのだろうという気がします。

Ｙにすぐに現場に来てもらわないといけないとしたら、自分が刺したという言い方をすれば、Ｙからすると、それは大変だ、何とかＸ子を助けたい、助けてもらいたいから自分に連絡してくれたのだろう、という気持ちになるでしょう。そうであればＹが飛んで来ないことはないと思います。単に種雄氏が倒れていたとか、種雄氏が自ら刺したということだけであれば、Ｙはあえて行く必要はないと思うのです。Ｘ子はＹを確実に呼び寄せるためにそういう言い方をしたのではないでしょうか。

皆さんよく考えてください。普通こういう状況になったとき、Ｘ子ならば誰に最初に連絡すると思いますか。普通は、まず救急車、それから自分の父親だと思うのです。特に、X子の父親は警察官ですから。それを、119番して救急車を要請せず、父親にも連絡したような形跡もなく、わざわざYに連絡をしたのです。しかも、「種雄さんが刺せと言ったので刺した。」という言い方をして。これをどのように理解すればいいのでしょうか。

Yが現場に来れば、現場にあるいろいろな物を触ってしまうかもしれません。場合によったら、Yを犯人と見せかけて対応しようとしていたのかもしれません。これはあくまでも推理というか、一つの可能性です。Yを呼ぶことについてX子が自分一人で考えたのかどうかも分かりません。ただ、父親に連絡していないということであれば、逆に言うと、そこに父親Zが大きな存在として浮かび上がってきます。Zは警察官でもあるからです。ですから、結局、X子は、現場で第三者が種雄氏に危害を加える際に、その場にいたのか、あるいは協力した疑いというのが出てくることになるわけです。そこは解明しなければならない点です。

しかも、最初に警察が連絡を受けて現場に来た場合、警察は現場保存して実況見分をしますが、元々現場はX子が住んでいるところであって、実際に種雄氏が倒れていたときに別の部屋にX子がいたということであれば、X子は実況見分の際の立会人になるはずです。そこでX子は現場で警察官に対しどこで種雄氏を発見したのかなど詳しい指示説明を求められることになるわけです。ですから、その際、X子が警察官にどのようなことを話したのか、そこはすごく大切な点だと思います。Yに対しては「種雄さんが刺せと言ったので私が刺した。」と言っているからです。

しかし、現時点ではX子が現場で警察にどのように話したのかは分かりません。普通、事件性ありとして警察が捜査する場合には、任意の実況見分の後に、裁判官の検証令状に基づき強制的に現場検証も行います。その際の立会人もおそらく普通ならばX子だと思います。そこでもX子が警察官に何と指示説明をしたのかというのも分かりません。しかも、Yという人物の存在がどの時点で警察に判明したのかというのも実はよく分からないのです。

当日、種雄氏を発見したのは種雄氏の父親です。父親が夜中の3時に現地に行って、種雄氏に貸していた車を取りに行ったとき、室内で発見し、警察に連絡したわけです。

父親は発見者で通報者ですから、警察が来たときはそこで立ち会いをして発見したときの状況を説明します。不思議なのは、そのときに隣の部屋にX子が寝ていたということになるはずです。現場に警察官が来たとき、X子は実際には何をしていたのでしょうか。警察官は当然ながら現場でX子にもいろいろと聞いたと思いますが、そこで彼女が何を話したのかは伝わってきていません。

Yが佐藤誠氏に話した内容によれば、YがX子のところに来たとき、彼女は背中に血のついた服を着ていたとのことですから、警察官が着たときにはもう着替えていたのではないかと思います。そうすると着替えた服を彼女はどこに置いたのか、警察はそれを証拠品化しているのかもよく分かりません。現場で警察がＸ子のＤＮＡを採取した形跡もないようであり、その辺がすごく不透明なところです。

また、携帯電話の履歴を見れば、Ｘ子、Ｙ、Ｚ、種雄氏が誰とどのように連絡を取っているのか分かります。そうするとその段階でＹの存在については警察も初期の段階で分かっていたのではないかと思います。

他方で、現場にあった種雄氏の携帯電話が一つなくなっているとも聞いていますので、その辺の携帯電話の履歴についてどのような捜査をしたのかというのは本当に分かりません。

◆当初の計画が狂ってしまったのか？

佐藤誠氏によると、２００６年の証拠はほとんどないということで、防犯カメラの映像もないということでした。そうすると、２０１８年にはしっかりと再捜査したということなのでしょう。実際にそのときにはＹも登場して佐藤誠氏は事情聴取を何回かに分けてやっていますし、種雄氏が亡くなった日の夜にＸ子がピースしている写真がどこで撮られたのかについても捜査しているみたいですから、それなりに相当捜査がされていたという感じはします。

『週刊文春』によると、種雄氏の遺体から覚醒剤の反応があったとのことのようですが、私は、亡くなった後に誰かに入れられた可能性もあるのではないかという疑いを持っています。仮に種雄氏がこれまで覚醒剤と何らかの関係があって、これを生前に自ら使った可能性があるというのであれば、その覚醒剤を種雄氏はどこでどういう形で入手していたのか、それに実はＺが絡んでいたということはないのか、という疑惑も出てくるので、そのような疑惑があるのかないのかについて警察がどのように捜査をしたのかも気になるところです。

Ｘ子に対する警察の事情聴取は途中で中止になったとのことですから、疑惑を解明するための取調べに入らないうちに終わってしまったのでしょう。おそらく、佐藤誠氏はＸ子の事情聴取の前に、一応被疑者の疑いもあるからということで黙秘権の説明をしていると思います。その上で、当日のＸ子の足どり、行動、Ｙとの関係、当日にＹを呼び出した状況とその理由、種雄氏を発見した際の状況、位置関係、刃物の状況、着ていた服に血が付いていたのか、着替えたのか、覚醒剤との関係、夫婦仲、Ｚが大塚警察署にＤＶのことで相談に行ったことについて、種雄氏にかけられていた生命保険の状況、当日のピースサインの写真のことなど、質問することは山のようにあったと思います。

そして、もしＹが言っているような内容でＸ子がＹを呼び出したのであれば、そのことは彼女が自分一人で考えて言えることではないと思われますので、誰かが種雄氏を刺していて、その人とX子との間には密接な関係あり、その絡みでX子がそのように言わざるを得なかったのではないか、という点を確かめたかったと思います。

推測ですが、Yを呼び出したときの言い方などは実行行為をした人との絡みでその人から指示されたのではないか、そういう計画があったのではないか、計画があったのにそこに種雄氏の父親が夜中に突然来たのでその計画が狂ってしまったのではないか、という感じがします。

◆究極の選択を迫ることになる刑事訴訟法226条

本件は、偶発的に発生したのではなく、計画的に犯人がやったことだと思います。ところが、種雄氏の父親が来たことによって計画が狂ってしまったけれども、なぜか、自分たちが意図したこととは別の理由で捜査が進まなかったということが感じられるのです。ただ、このままですと、結局犯人が誰かも分からずうやむやに終わってしまうおそれがあります。そこで、これを打破するために、刑事訴訟法226条を検事は有効に使ってほしいと思っています。そのことについて説明しましょう。

刑事訴訟法226条は、「犯罪の捜査に欠くことのできない知識を有すると明らかに認められる者が、第223条第1項の規定による取調べに対して、出頭又は供述を拒んだ場合には、第1回の公判期日前に限り、検察官は、裁判官にその者の証人尋問を請求することができる。」と規定しています。つまり任意の取調べに応じなかった者で、しかもこの事件について非常に重要なことに関与していると思われる者については、その裁判の前に検察官が裁判官に対してその者の証人尋問を請求することができるということです。

この規定は警察は使えません。参考人は警察の取調べで嘘を言っても、それは単に嘘を言ったというだけであって、処罰されることはありません。ところが、検察官がこの２２６条の規定を使って証人尋問を請求した場合には、対象者は裁判官の前で宣誓して証言しなければなりません。この証言は非公開の法廷で行われます。被告人とか被疑者というのがまだ誰も分からない段階であれば、当然弁護人もいませんから、そういう人の立ち会いなしで行われます。つまり、裁判官と請求した検察官だけがその場に立ち会うわけです。

尋問することになりますので、裁判所は尋問調書を作ります。そして、そこで嘘を話した場合には、その人は偽証罪に問われることになります。偽証罪は刑法に定められている犯罪です。罰則は3月以上10年以下の懲役です。

ただ、この証人尋問において証言を拒否できる場合があります。どういう場合かと言いますと、これも刑事訴訟法に規定があります。刑事訴訟法１４６条に「何人も、自己が刑事訴追を受け、又は有罪判決を受ける虞のある証言を拒むことができる。」との規定があり、その一号で「自己の配偶者、三親等内の血族若しくは二親等内の姻族又は自己とこれらの親族関係があった者」についても同様の規定があります。つまり自分が話したことに基づいて後にこれらの者が起訴されたり有罪判決を受けるおそれがある場合には、証言を拒否することができます。また、自分の配偶者、三親等内の血族等の身内の者が起訴されたり有罪判決を受けるおそれがある場合にも、証言を拒むことができます。

これをX子に当てはめましょう。

X子は、この証人尋問の場合、正直に話さないと後に偽証罪で処罰されます。他方、証言を拒否できる場合というのは、実は私がやりましたとか、私が関与しているとか、自分や自分の身内が起訴や有罪判決を受けるおそれがある場合です。仮に身内のZが関与したというのであれば、その証言を拒むこともできるわけです。ということは、証言を拒むということは、言わば、自分又は身内がやった、関与したということを認めることになるわけです。

それ以外に、X子が例えば証拠隠滅をしたとか、犯人を匿ったとしても、これらはもう時効になっていますので、これらのことについては証言を拒否することはできません。時効になっているから、もう刑事訴追を受けるおそれも有罪判決を受けるおそれもなくなっているので証言を拒否できないのです。つまり、X子がこの226条の証人尋問で全部正直に言えばいいのですけれども、もし嘘をついた場合は、偽証罪で処罰される、もし証言を拒んだ場合には、自ら又は親族が何らかの関与をしている事実を認めることになってしまう、という究極の選択を迫ることになるのです。

２２６条の規定は、通常は捜査の最終段階で行うことがありますが、今回の事件で使う場合、どの段階で検察が使うのかということにも興味があります。

もっとも、検察がこの２２６条の武器を使うためには、Ｘ子に任意の取調べの出頭を拒否されなければなりません。それが前提の規定だからです。ですから、任意の取調べに応じた場合には使えないことになります。

今回の事件で２２６条を検事が使うときというのは、警察事件が検察庁に送致された後でないとできないということはありません。送致とは関係ないです。既に検察事件があるからです。検察の立場で検察事件の参考人として出頭を要請できるのです。ですから、理屈の上ではすぐにでもやろうと思えばできますが、ただタイミングとかを考えなければなりません。普通であれば、検察はそこまでせずに、もう少し警察に捜査を継続させ、その状況を見ながら最終的にこれを使うかどうかを考えると思います。いきなりではなく、ある程度周りの証拠を固めてからやるというのが本筋だと思います。何か別の罪でＸ子なりＺとか周辺の者を逮捕できるというような理由があれば別でしょうけれども、それが何もなければ、いずれはこの２２６条という究極の武器を使うべきだと思います。

これは、Ｘ子、Ｙ、Ｚなど関係者であれば、特に重要なことを証拠として関与していると疑われる者についてみんな対象になります。出頭拒否されたら、伝家の宝刀として使えるのです。

そのためには、3回くらいの出頭要請は必要かと思います。尋問する場合には、かなりの時間を要するでしょう。取調べですら数日かかりますので、証人尋問も数日かかるかもしれません。

ただ、これをやったからといって真犯人が見つかるわけではないです。私が言っているのは、真犯人が誰かよく分からなくなった、本当にどん詰まりの状況になったときには、最後にこの手がある、ということです。嘘を言って偽証罪がいいのか、証言拒否することによって自分や身内に誰か犯人がいるということを認めるのか、こういう状況を作ることによって何か新しい事実が発掘できないかということです。真実に迫ることができる方法としてあるということです。

証人尋問ですから、一問一答です。裁判官の前で検察官が質問して証人が答える、それを書記官が記録にします。沈黙があれば、「……」と書いたり、あるいは「(沈黙)」と書かれたりします。挙動不審になって目がキョロキョロしたりしたとしても、そういうのは記録には残りません。しかし、証人が涙を流した場合には、「今、証人は涙を流しましたね。」と検察官が質問して記録に残すというテクニックもあります。

この226条は刑事訴訟法で法的に認められている制度ですので、検察がこれを使わない手はないと思います。

◆送致

最後に、「送致」について条文上の根拠をお話しします。

警察は検察庁に事件送致しなければならない。これは刑事訴訟法２４６条に規定があります。「司法警察員は、犯罪の捜査をしたときは、この法律に特別の定めのある場合を除いては、速やかに書類及び証拠物とともに事件を検察官に送致しなければならない。但し、検察官が指定した事件については、この限りでない。」と書いているのです。

「速やかに」と書いてあります。ところが警察庁長官が発言してから現在に至るまで送致がないということですから、「速やかに」なっていません。ですから、今の状況は、刑事訴訟法２４６条に違反する状態になっているということです。

送致は誰の名前でするかというと、大塚警察署の署長の名前で行われます。ですから、大塚警察署の署長が刑事訴訟法２４６条に違反している状態になっているということになるのです。署長がこの不作為の違法行為をしていることについて、後で国家公安委員会も含めて問題になる可能性があり、気の毒だと思っています。署長は、ご自身がこの２４６条に違反している状態について何らかの責任を取らなければならなくなる可能性が残されているわけです。

本件の一連の経過を見ていると、私は捜査一課が非常に気の毒だと思っています。本当に一生懸命再捜査していながら、どうしてこういう形にならざるをえないのかと。ですから、一刻も早くこういうイレギュラーな状況が解消できて、正常な形で再々捜査していただけたらと本当に強く思っています。

警察は、種雄氏の両親から告訴状が提出された後に事情聴取をしたようですが、とは言っても、前から申し上げているように、年内に送致する場合には警察と検察庁の間で大体12月初旬頃までと決められています。ですから、警察はいよいよ強行突破して12月初旬頃に事件性がないという形で送るのではないでしょうか。

係長かどなたかが総合捜査報告書を書きます。どういう内容にして書くのか分かりませんけれども、でも、送致されたとしても、検察は226条が使えるということを忘れないでほしいと思います。

送致された後は、検察の判断でやはり警察を使ってもう少し捜査しようということであれば、警察はその指揮に従わなければなりませんし、その中でX子について226条の証人尋問請求をするというのを使うか使わないかということも含めて、検察にイニシアテイブを取ってもらって捜査してほしいと思っています。

第10章　私が遺族代理人ならば…

リスクマネジメント・ジャーナル　第196回

2023年12月2日公開

◆委任の範囲について

非常に皆さん関心があるところなのか、質問がありましたので、私が遺族代理人であったならばどう対応するのか、ということについてお話しします。

弁護士として動くためには、委任されなければなりません。今回の場合ですと、遺族の誰でもいいというわけではなく、第一順位の遺族ということになると、父親と母親になりますので、これらの方から委任状をいただくという形になります。

委任に関して弁護士と契約する場合に、誰と契約するのか、委任の範囲はどこまでか、ということを説明します。

委任契約の場合、委任者というのは実際に弁護士に依頼して契約する人になります。それが基本原則です。例えば、家族の中でAという人が私のところに来て「先生、お願いします。」と言って委任して契約当事者となる場合には、委任者はAであって、A以外の家族の人は委任者ではありません。ですから、この場合、A以外の他の家族の方と契約を締結することは、Aとその家族の方との間で利益が相反する場合がありますので、そういうことは基本的にはしません。Aと契約後にAと他の家族の意見が違ってきたとしても、Aを委任者として契約している以上、Aの意向に沿って業務を進めることになります。

また、委任の範囲というのも、ここまでなのか、その先までなのかとか、とその辺をはっきり説明して決めないと、逆に委任者が誤解したり、委任者の利益を損なうことにもなることがありますので、委任の範囲をしっかり決めておかなければならないことになっています。

◆対警察

これらの前提で、まず、対警察との関係をお話しします。

この場合、委任の範囲は非常に難しいです。告訴状の提出ということに限定すると、告訴状が実際に警察に提出されて受理された段階で業務は終了することになります。それでもう委任を受けた仕事は終了になるので、その他のことは委任の範囲に入ってなく、あとは若干おまけ的に行動することになるでしょう。

今回の事件で言えば、私ならば、委任範囲の中に、告訴状提出だけではなく、警察官及び検察官による事情聴取の連絡や捜査状況の説明を受けること、起訴された場合にはその裁判における犯罪被害者遺族支援活動（示談交渉、被害者遺族参加制度の利用などを含む）に関する一切の権限、ということまで含めるでしょう。もちろん、委任者に説明し、了解を得られた場合のことです。このような委任状がないと、私は遺族の代理人として警察に認知してもらえませんから、まず先に警察にこの委任状を提出します。今回の場合ですと、大塚警察署に提出することになります。

その上で、告訴状を提出するだけでなく、犯罪被害者遺族の支援について警察に協力を求めたいと思うわけです。精神的なケアも含まれます。自殺したということになると犯罪被害者遺族にはなりませんが、まだ送致されてなく、そのような結論が出てないので、まだ犯罪被害者遺族であるといえるでしょう。

もっとも、犯罪被害者遺族支援活動を行う警察の部門は、警視庁の場合は確か警務課だったと思います。ですから、告訴状提出の委任状と、犯罪被害者遺族支援に関する委任状は分けて作成し、それぞれの部門に提出するとともに、連携を取ってもらうように要請することになります。

また、告訴状を提出する際には、遺族だけが知っていて、まだ警察が知らないような話もあろうかと思います。種雄氏の関係とか周囲の関係でそういう参考になる話があれば、こちら側で遺族の話をまとめた陳述書のようなものを作って一緒に警察に提出すると思います。

遺族からすると、委任状と言われても、その範囲などよく分からないままサインするということを避ける必要があります。

弁護士が活動するためには委任契約を締結しなければなりません。その場合、日弁連の規程で契約書を作らなければなりません。そのためには、報酬についても事前に説明しなければならず、契約書の中に委任の範囲を書かなければならないことになっています。そのときに、説明した上で、委任の範囲についてここまでにしますか、ここまで含めますか、のように確認します。委任の範囲によって着手金や報酬金の料金について違うこともありますので、そこはしっかり説明した上でやることになっています。

今回の事件のことを考えますと、委任の範囲を告訴状の提出に限定するのは遺族に対して気の毒な気がしますし、遺族は先程私が話したところまで委任したいと考えているのではないかと思われますので、そこはしっかり確認した上で契約します。

また、弁護士には守秘義務がありますので、委任者から了解を得なければ会見したり外に話すことはしません。もし対外的に話すとなれば、それは委任者からその範囲で守秘義務が免除された場合です。そうでなくて委任者が事前に知らないうちに話すということはしません。そこは誤解しないでいただきたいと思います。

◆対マスコミ

対警察以外に委任の関係でもう一つ想定されるのは、マスコミ対応です。特に遺族にマスコミが押しかけて行ったとき、遺族として何をどう答えたらいいか分からないのが普通ですので、そういうときには、代理人の弁護士が委任者に代わって対応し、適切に答える、ということも想定されます。

警察に対する委任状の場合には、そこは書く必要はありませんが、委任契約全体の委任の範囲とすれば、この対マスコミ対応なども入れることはあると思います。

いずれにしても、委任する範囲をしっかりと契約で決めて、項目として書いた上で契約するということになります。

◆対X子

遺族の代理人として活動する場合には、対警察、対マスコミのほかに、対X子やZなどその親族に対する関係でも委任の範囲を決める必要もあります。

X子は、当時事件現場にいたのですから、一番事情を知っているのはX子になると思います。ですから、X子に対して、お話を聞かせていただけませんか、ということを遺族代理人としてアプローチする、ということもあるでしょう。手紙を書くなどの方法があります。それで断られたら別の方法で対応します。X子に代理人の弁護士がついていれば、代理人同士でその調整の努力をします。最終的に断られてしまうのであれば、その理由を聞きます。

こちらは、委任者である遺族の気持ちを何とか理解してもらえないかということを繰り返し説得して、お願いすることになるでしょう。これは警察の捜査とは別で、種雄氏の元妻ですから、遺族として知りたいのは当然ですので、そういうアプローチをすると思います。

報道では、種雄氏の家族とX子やその家族との関係は悪いようです。X子は遺体の引き取りを拒んだとか、まだ彼女はお線香を上げに来ていないとか、遺族はお孫さんにも会っていないとのことのようですが、それでもまずは代理人としてアプローチをします。なぜ遺体の引き取りを拒んだのかなど当時の状況は絶対に遺族は知りたいと思うからです。ですから、そういうことを質問項目にして回答を求めたいと思います。

相手に代理人がついていれば、その弁護士と冷静に話をすることができます。

◆対検察

委任の関係で検討するもう一つの大事な点は、対検察との関係です。

警察事件と検察事件は別ですので、警察に委任状を提出したからといって、そのまま検察に連絡することはできません。検察事件の関係で別途何らかの委任状が必要になります。事件番号も違うので、別々に委任状を作成しなければなりません。

ですから、別途委任状を作成して、遺族の代理人として、検察官による事情聴取の連絡、検察官から捜査状況の説明を受けること、起訴された場合にはその裁判における犯罪被害者遺族支援活動（示談交渉、被害者遺族参加制度などを含む）に関する一切の権限といったようなものを書いた委任状を地検刑事部の事件管理というところに直接行って提出することになります。

その際には、委任者である種雄氏の父親とか母親などが本当に遺族であるということの証明として、種雄氏の除籍謄本などの身分を確認できる資料も付けた上で委任状を持っていくと思います。そうすると、その段階で担当検事が誰なのかというのを教えてもらえますので、その上で、その担当検事にまずは電話してアポを取って、検事のところに行きます。

仮に、検事から電話で何について聞きたいですかとか、あるいは直接行ったときに何について聞きたいのですかと問われた場合には、警察事件の捜査状況については尋ねません。まだ警察事件は送致されていないからです。聞くならば、確実に検察がやっている捜査、持っている証拠について限定して聞きます。具体的には、司法解剖の結果についてです。最初は、検事と面談してこれに限定して聞いて、そこから検事との人間関係、信頼関係を構築し、「ここで聞いた話の情報は他には漏らしません。あくまでも私と遺族だけに留めておきますから安心して下さい。」というような形でやっていくと思います。

検事には検察事件に関する事実を聞くだけですから、それについて検事が回答しないということはないはずです。もし検事から断られたならば、その理由を聞くでしょう。

そして、検察庁の対応が悪ければ、前から申し上げている法定外通報対象事実の準内部通報をするというアプローチをし、その際にはまた別途それについての委任状を遺族からいただくことになります。

検事から話を聞けた場合、その内容は外に出さないということを検事と約束することになるでしょう。捜査上の内容が表に出ることによって捜査に支障をきたすことを避ける必要があるからです。死因も含めて検事から聞いた内容がそのまま週刊誌などに出てしまえば、検事からの信用を失います。大切なことは捜査を動かすことですので、その点は注意しなければなりません。

ほかに、遺族の代理人として行うとしたら、事前に佐藤誠氏とお会いして話をうかがうことでしょう。佐藤誠氏が発信している内容は週刊誌等に書かれてはいますが、大事なことは、マスコミで報道してもらうことではなく、いかに検察を動かして捜査してもらうかということですから、私が遺族の代理人ならば、佐藤誠氏が体験された本件の捜査内容について陳述書にしてもらい、それを検察庁に提出することを考えます。

あとは、遺族代理人の立場からすると、自殺した可能性はないのではないかという意見書を検察官に提出したり、あるいはその前段階として、こちらが法医学者にアプローチして、その方の意見を聞いて書面化して検察庁に提出する、ということはやると思います、

検察の立場から見ると、遺族代理人からアプローチがあった場合に、電話で対応することは避けると思います。

電話で間違った情報を伝えることになると問題になってしまうので、もし、遺族代理

人から電話が来たならば、一旦電話を切って上司に報告して、どういう形で対応したらいいかということを組織内で検討し、検察が将来国家賠償を請求されるリスクをいかに回避するかということを考えながら対応すると思います。

そこで、検察は、遺族代理人との接触の仕方とか話し方などの対応を間違うと、法定外通報対象事実ということで準内部通報されることもありますので、その辺は慎重に対応するはずです。ですから、遺族代理人は検察とはきちんとした手続を取ってアプローチすることになると思います。

◆佐藤誠氏に対して

遺族が11月16日に警察から事情聴取を受けたことが『週刊文春』で報じられていたり、佐藤誠氏も、２０１８年当時の様子について連載で語っています。本当は、佐藤誠氏は、『週刊文春』に話す前に陳述書にまとめて遺族とともに検察に持っていく方を優先した方が良かったような気がする方もいると思います。

私は、検察は動かないといけない、そのやり方の一つに、佐藤誠氏から話を聞いたらどうかということを以前お話ししましたが、私とすれば、検察は佐藤誠氏から話をもう聞いているのではないかと期待したいです。

検察は待ちの状況ではいけませんので、やってもらうためには、やはり遺族代理人とすれば、佐藤誠氏に協力してもらい、陳述書にまとめてもらって、それを提出するということです。それに対して佐藤誠氏は嫌だとは言わないと思います。

◆現在の捜査状況と今後

警察の現在の捜査状況を見ますと、12 月上旬頃に送致する方向ではないかと思います。遺族代理人が出した告訴状には、亡くなった時間帯として午後 10 時と書いてあったようでしたが、警察から遺族はどんな証拠に基づいて特定したのかと聞かれたようです。私が遺族代理人ならば、告訴状の事実をあまり特定せず、「何月何日、種雄氏の自宅又はその周辺において、手段不明の方法によって殺害されたものである。」くらいにぼやっと書くと思いまです。検察官が司法解剖の鑑定処分許可状を請求した際の被疑事実のようにす。午後 10 時などと告訴状に書くと、警察に揚げ足を取られるからです。警察は警察として、逆にそういうことが書いてあるからここぞということで、これを機会に、どこからその情報を仕入れたのかなどと聞く隙を与えてしまっているような気がしました。

遺族の事情聴取のときは代理人弁護士は同席していないと思います。遺族が何をどう答えたらいいのか戸惑わないように、遺族代理人として、事情聴取の前に、想定される質問を話して、しっかりお話しできるように対応すると思います。

警察が遺族の事情聴取をした後は、次はX子の事情聴取を行うのではないかと思う人が多いと思いますが、実際にそれをすることになるのでしょうか。本来なら、X子、Z、Yの調書は最低限度必要だと思います。

佐藤誠氏が事情聴取したX子やYについて調書という形で文章になっているかどうか分かりませんけれども、もし調書になっていなければ、調書にしなければならないし、本当に取調べがこれだけで終わっていいのかと、誰しも疑問に思うわけですから、時間も経っているので、警察は、再度X子、Y、それにZにもしっかり話を聞いて、弁解なら弁解で調書を作成し、検事が後に刑訴法２２６条の証人尋問を行うときの材料として使えるようにしてもらうことが大事だと思います。特にこういう殺人事件の場合、調書もないのに送致は普通できないのですけれども。

佐藤誠氏がなぜ『週刊文春』にいろいろと話したり連載しているのか分かりませんが、私が遺族代理人という立場になったとするのであれば、そのような話は文春ではなくて早く検察庁に陳述書で伝えてほしいという思いの方が強いと思います。

第11章　死体検案書に見る事件性

リスクマネジメント・ジャーナル　第199回

2023年12月14日公開

◆死体検案書とは

この事件は、死体検案書がポイントの一つになります。死体検案書とは、人間が死亡したことを医学的・法律的に証明するものです。したがって、これには死亡に関する医学的・客観的な事実が正確に記入されることになります。医師は自らの診療管理下にある患者が生前に診療していた傷病に関連して死亡したと認める場合には死亡診断書を作成し、それ以外の場合には死体検案書を作成して交付します。つまり、死亡診断書と死体検案書の2種類があって、死亡診断書は、医師が自ら直接、間接に診察していた方が亡くなった場合、死体検案書は、それ以外の方が亡くなった場合に作成されるものです。ですから、死体検案書は必ずしも作成されるとは限られず、他方、死亡診断書は必ず作成されます。死体検案書がないと、火葬許可証が出ません。

皆さんご存知と思いますが、遺族は、まず死亡届を作って、それに死体検案書か死亡診断書を添付して市区町村長に提出することになっています。その市区町村長は、死体検案書や死亡診断書に基づいて死亡という事実を判断しないと火葬の許可を与えません。ですから、死体検案書は、火葬のためにはどうしても必要になります。

◆2通ある死体検案書の意味は

種雄氏は4月9日に亡くなったと言われていますので、その後に作成された死体検案書は、おそらく種雄氏の父親がお持ちになっているものでしょう。それがマスコミを通じて写真が外に出たものと思います。ですから、種雄氏に関しては、この死体検案書があるということが分かります。

他方で、先日、東大の法医学教室に遺族が行ってもらってきた死体検案書というのもあるようです。テレビの画像から見ると、この死体検案書の右下に交付年月日が2023年11月下旬と書かれていました。ですから、種雄氏の死体検案書は、客観的に2つ存在していると思った方がいいと思います。

最初の死体検案書は、先ほど説明したように、死亡届を提出して火葬の許可をもらうのに必要なものとして入手したものだと思います。ですから、父親がお持ちになっていたのは、この最初の死体検案書の原本又はそのコピーだと思います。

医師法19条2項に「検案した医師は、検案書の交付の求めがあった場合には、正当な事由がなければこれを拒んではならない。」という規定があります。ですから、この規定に基づくと、何年経っていようが、検案した医師がいれば、遺族から要望があれば、正当な理由がなければ、これは拒めません。つまり、交付しなければならないということです。ですから、今回、遺族が東大の法医学教室から交付を受けた2番目の死体検案書は、この医師法19条2項の規定に基づいて請求したものと思います。

◆死亡日時【平成18年4月9日午後10時頃（推定）】の謎

通常、死体検案書が司法解剖の前に作成されるのか、解剖後に作成されるのかについては、実はいろいろありまして、地域によっても病院によっても違うことがあります。しかし、今回の最初の死体提案書の画像を見ると、確か「司法解剖」という項目にチェックが入っていたと思います。ということは、これは司法解剖する前に作成されたのではないかと思います。そして、解剖前のために見ただけだとよく分からなかったため、自然死なのか病死なのか、あるいは事件や事故で亡くなったのか、全般的にその辺について「不詳」と書いてあったと思います。

ここで、私の疑問点を申し上げますと、今回の2通目の死体検案書には発行年月日の上に検案した日時が書かれていますが、私がテレビの画像から見た感じでは、これには平成18年4月11日と書いてありました。4月11日とはどういう日かというと、父親が種雄さんを発見したのは4月10日午前3時頃のようですから、その翌日になります。つまり、司法解剖されたのはその後になります。そうしますと、司法解剖までの間に現場で警察は実況見分などしていなかったのではないか、と思うのです。死因もよく分からないから実況見分もおざなりになっていたのだろうか、ということが最初の死体検案書から読み取れるように思います。

もう一つ非常に不思議なことを申し上げますと、最初の死体検案書も2番目の死体検案書も、いずれも死亡日時欄に【平成18年4月9日午後10時頃（推定）】と書いてあります。最初の死体検案書作成時は、まだ司法解剖していないのに、なぜ4月9日午後10時頃だと、推定だとしても書けるのか。そこが非常に不思議なわけです。

死体検案書の作成者は誰かといえば、一般的には、東京都の監察医の場合もあれば、実際に解剖する例えば東大の医師の場合もあります。今回、最初の死体検案書を作成したのは誰かということですが、2つの死体検案書の文字を比較してみると非常に字が似ています。安田種雄とか平成何年の数字とかです。そういうことを考えると、当時解剖した医師が今回の2通目の死体検案書も書いたと推測できます。ということは、最初の死体検案書も、東京都の監察医が作ったのではなくて、解剖した東大の医師が作成したのではないかと思います。

これから解剖する医師が、解剖前に死因を不詳と書いて、これから司法解剖するという欄にチェックを入れて、それで死体検案書を作成したということになるわけです。そして、この後、4月11日に解剖するわけです。

2通目は、実際に解剖した後に作られたもの、つまり、2023年11月下旬に発行されています。テレビに映っていたのは2通目です。

2通目は、右上のとこに〔令和〕と不動文字が入っていました。事件当時はまだ令和の時代ではないので、令和と書けませんから、最初の死体検案書は、司法解剖前とか平成18年4月の段階で作ったものだと推定できます。

私が疑問なのは、仮にその当時、死体検案書を作ったとしても、東京都の監察医の場合であれば、「私は解剖しないから分かりません。」として解剖に引き継ぎ、ただ、死亡した事実のみで死体検案書を作成します。ところが東大の医師は、今から自分が解剖で執刀するにも関わらず、執刀する前に、死因等が不詳というような死体検案書を作成する意味が一体どこにあるのか、ということです。

ここに今回の初動捜査の問題点が垣間見られるのではないかと思います。

◆私の推測、「不詳の死」と書いた理由

私も皆さんも疑問だと思っているのは、遺族は解剖の前から警察官に自殺なんだと言われていた節があるわけです。そうすると、この解剖のときにまだ捜査一課が入っていないとすれば、大塚警察署の刑事課の警察官と大塚警察署の鑑識が立ち会っているわけです。捜査一課が入っていないのですから、警視庁本庁の鑑識は立ち会っていないのでしょう。

一つの推理ですが、そうすると、場合によったら、自殺だと言っている警察官が、あ

らかじめ、解剖する医師に死体検案書、鑑定書に死因等について「自殺と書いて下さい。」などと言った可能性もあるのではないでしょうか。

しかし、それについて東大の医師は、「いやそれはダメです。書けません。」などと抵抗したので、死因について自殺ではなくあえて「不詳」という死体検案書を作り、その後、実際に解剖した後も、解剖した結果に基づいて、外因性に基づいて死亡した、外因性の理由については、薬物の影響によって自殺したとは断定せずに、あえて「不詳」にしたのかもしれません。

ある警察官から、こういう風にしてくださいよと言われたのに対して、医師として、それはできない、分からないからということで、あえて不詳にしたと東大の医師が抵抗した証しなのかな、と私は思いたいです。

ですから、検察には、是非この東大の執刀した医師から事情を聞いて、

・どのような経緯で1通目の死体検案書を解剖する前に作ったのか。
・警察官からどのようなことを事前、事後に言われたのか。
・死亡推定日時午後10時頃というのは、なぜ解剖前に分かるのか、誰かに言われなければ午後10時頃とは判断できないのではないのか。
・仮に言われたとしたら、誰にどのように言われて午後10時頃と書いたのか。
・言われていないのであれば、解剖前に午後10時頃推定と言える根拠は何なのか。

なども是非事情聴収して解明してもらいたいと思います。その辺が私は謎だと思います。

死体検案書は、役場にその死亡届と一緒に提出して火葬の許可をもらうために提出するものであり、捜査の関係では死体検案書の存在は必要ありません。捜査員たちにとって大切なのは解剖に基づく鑑定書です。死体検案書に書いてある内容は、もう既に鑑定書に詳細に書かれているわけです。

死体検案書よりもっと詳しい内容の鑑定書の原本が検察庁にあると思いますから、遺族は、検察庁に行けば死因についてもっと詳しい内容を教えていただけると思います。

事件性について少し話しますと、室内が血だらけの状態だったのかどうかというのは私には分かりません。自ら刺して自殺したのであれば、苦しんでもがきます。そうすると、室内がかなり散乱していたり血がついている可能性もあるでしょう。

室内が散乱していなければ、もがいて苦しんで自殺したということは考えられません。むしろ顔見知りの犯行の可能性があるわけです。不意を突いてやるとかです。当時の種雄氏の着衣のどこにどのように血痕がついていたのか、手首の辺りについていたのかということも全然分かりません。

種雄氏の父親の警察への連絡が一一〇番通報であれば録音されていると思います。その録音がどのような内容だったのかとか、Yの当時の車の動きは、いわゆるNシステムを見れば午後10時頃は時間的にまだ来ていないなどと捜査官が判断したとありましたけれども、同じようにZ又はX子の家族の車とNシステム（自動車ナンバー自動読取装置）との関係で当時の車の状況はどうだったのかとか、防犯カメラにしても、そのアパートにはないにしても付近のコンビニエンスストアにはあるのではないかとも思われます。コンビニの防犯カメラの映像は全く無駄というわけではないです。人が通る、あるいは車が走るとかの画像から犯人の足取りが分かることもあるからです。

そういう周辺の防犯カメラの映像は警察は当時集めていなかったのかなと思います。

仮に集めていないとすると、場合によったら、私が一番危惧しているように、最初から自殺という線があって、それで東大の医師にもそのように書いてもらおうと思ったけれども、断られてしまったために、この事件の処理をどのようにしたらいいか分からなくなり、中途半端な形で２０１８年まで来てしまったのかなと思われるのです。

◆テレビ報道から分かったこと

遺族が東大の法医学教室に行ったことについてのテレビ報道から新たな事実が分かることがあります。

それは、２通目の新しい死体検案書に、刺されたときの傷の深さが10 ㎝程度ですと書いてあった、ということです。他方で、別なところに、刃の形がこうで、長さも約10 ㎝との表現もあったと思います。そうすると、その刃物で刺されたということがはっきりします。そういう意味でも非常に効果があったと思います。

〔ためらい傷〕について、少しお話しします。

私は死んだことがないので断言はできませんけれども、人間は、やはり命を断つということについてはためらいが出るわけです。飛び降りにしても、足がすくんで考えたりするのと同じで、手首を切るにしても、1回で切るのでなくて多数回切ってというのもあります。これが〔ためらい傷〕です。

種雄氏の遺体にこの〔ためらい傷〕がないのでしたら、それはどういうことを意味するのかも検討しなければならないと思います。

私が気になるのは、刃物が刺さった向き、深さからすると、文春がセカンドオピニオンを求めた法医学界で著名な大野曜吉先生が、体勢的にいうと自ら刺したというのは難しいのではないかと言っていたことです。ただ刃物を逆手に持って刺した場合には入る可能性もないわけではないかと思いますが、これ実際には、実験しないと分かりません。

第12章　今後「検察」を動かしていくための方策

リスクマネジメント・ジャーナル　第２０１回

２０２３年12月23日公開

◆送致される

私は、これまで、12月初旬頃までに送致されるのではないかと言っていましたが、報道によりますと、12月16日までに送致されてしまったようです。私の予想は大体当たってしまいましたが、送致されたというのは残念なことです。ですから、これからの捜査の主体は検察に移るわけです。

そこで、今後、検察を動かしていくための方策についてお話ししたいと思います。

◆今後、検察を動かしていく為の5つの方策

一部報道によると、来週の月曜日ですか、12月25日に告訴人が検察庁に行って検事と直接お会いするようですが、これはとてもいいことだと思います。

遺族が送致後に直接検事に会うということはほとんどないと思いますが、会って下さるというのですから、死因、その他疑問点について説明を求めたり、どうしても捜査してもらいたいことはここだとか、自殺というのはおかしいのではないか、というようなことをしっかりとお伝えすべきでしょう。その際、口頭だけでなく、書面を作って提出した方がいいと思います。書面ですと記録に綴られるし、それが後にきちんと捜査されたのかどうか判断される際の資料にもなるからです。

これまでもお話ししていますが、遺族の陳述書、他の法医学者の意見書、佐藤誠氏の陳述書や意見書などを告訴人から検察庁に提出するということも必要だと思います。

警察は、送致書の中に、事件性がない、自殺と考えて矛盾はないというような意見をつけていると思います。とはいえ、検察事件もあるわけで、検察の方では検察事件についてもまだ最終判断をしていませんから、検察庁における犯罪被害者遺族支援ということを求めることができます。前からお話ししているように、カウンセリングも含めて、どういう支援を求められるのかも、検察庁で話を聞いて、その手続にしたがって支援を受けていただきたいと思います。

告訴人が検事に連絡したとしても、死因などは、まだ警察の書類が来たばかりで分からないので、とりあえず今日はお話を拝聴させていただいて、追ってまた連絡します、という形になるのではないでしょうか。検事の対応は、全て上司、東京高検、最高検、法務省とすり合わせた上で行うことになると思います。

もし告訴人が訪問したときは、検察側では記録に残します。報告書の形でやり取りの内容を残すと思います。

もう一つ大事なことあります。これも、前からお話ししていますけれど、虚偽公文書作成罪、同行使罪での検察庁への告発ということも検討した方がいいと思います。誰が告発できるかというと、これは一般人でも可能です。国民一般の方々、有識者の方々でも誰でも構わないわけです。

内容的に言うと、送致書についている総合捜査報告書などの中に虚偽のものが含まれている場合のことです。

ここで整理させていただくと、虚偽性というのは3つあります。

一つは、死因が何かというところです。

二つ目は、これまでどのような捜査をしてきたのか、特に事件発生から捜査が一旦中断されるまでに何を捜査したのかとか、再捜査した後にまた突然中止になりましたけれども、中止になった2018年からその後一体どんな捜査をしたのかとか、告訴状が提出された後送致までの非常に短い期間内でどのような捜査をしたのか、といったこれまでの捜査経緯についてです。

三つ目は、捜査を遂げたことについてです。送致するには警察は捜査を遂げていなければなりません。しかし、警察はおそらく捜査を遂げていないのではないかとかなり多くの人は思っていると思いますし、私もそう思っています。ですから、警察が捜査を遂げたのであれば、どのような捜査をして捜査を遂げたということになるのか。死因の判断についてであれば、若干評価の問題になるので、場合によったらこの点について虚偽性の判断は難しいかもしれませんが、どのような捜査経緯であったのか、捜査を遂げたかどうかというのは、事実についてのことですから、虚偽性の立証というのはそう難しくないと思います。

死因について他の法医学者の意見を聴取したのか。X子、Zについては、おそらく調書を作成してなく、Zについては事情聴取もしていないと思われます。本当にそれで捜査を遂げたといえるのかとなると、警察としては苦しいところだと思います。そういうことを、どなたかが虚偽公文書作成罪と同行使罪ということで東京地方検察庁の検事に告発をする、それも一人でなくて集団で告発するということです。その中に国会議員、有識者の方などが含まれていればこれも真相解明に向けた一つのプレッシャーになると思います。

告発状の被告発事実の書き方はシンプルでいいと思います、どこが虚偽性かと言ったら、今言ったように3つあるわけです。死因、捜査経緯、捜査を遂げたことです。ただ、捜査経緯については我々もよく分からないので、確実に書けるとすれば死因、つまり事件性がないことについてです。特に発生当時の２００６年にどのように判断したのかということです。

捜査を遂げたことの虚偽性についても、少なくとも告訴状が提出されてからいろんな人の事情聴取などほとんど何もしていないのではないかということは言えるわけです。

２０１８年にはかなり長い期間、何か月か捜査をしたのに対して、今回は遺族が告訴状を出して２０２３年10月25日に大塚警察署で受理されていながら12月に送致したということですから、その間の捜査期間は非常に短いです。そうすると、２０１８年はしっかり捜査したのに、今回は非常に短い期間しか捜査していない。あまりにも違いがありすぎます。
その前の7月に警察庁長官が事件性を否定する発言をしたので、この段階でもう捜査は実質的に終わっているのではないでしょうか。その段階で本当に捜査を尽くしているのかという疑問です。

事情聴収も中途半端になっているし、調書も取っていない。X子から最終的に調書を取った雰囲気が伺われません。しかも、その捜査の引継ぎを佐藤誠氏がしている状況もないみたいです。ですから、この段階で捜査は終わっていて、長官の発言時や送致時に捜査を尽くしたと言えるのかについて、虚偽性の問題が出てくると思うのです。

検察は事件送致を受けましたので、記録は相当膨大だと思いますけれど、記録と一緒に証拠も送られてきていますから、検察ではこれらの記録を読み込み、証拠をしっかりと検討することになるでしょう。

事件性の有無の関係では死因がポイントになりますから、普通ならば、担当検事は、解剖した医師から話を聞くとか、鑑定書に自殺の可能性があると書いていなければ、警察はなぜ事件性がないと判断したのということが問題になるわけです。

検察を動かすためには、あとは、日本弁護士連合会から会長声明などを出してもらうという方法もあると思います。これまでの警察の対応に不審な点があるので、検察は真摯に捜査を進めて処理することを要望するなどの会長声明を出していただくとこれも大きなプレッシャーになると思います。

先に、国家賠償の話をしましたが、別の構成で、遺族である告訴人が東京都に対して国家賠償請求訴訟を提訴することが、今回の事件の処分がまだ決まらなくてもできると思います。公務員の公権力の行使によって損害を受けた場合、今回のケースでは、大塚警察署の署長が東京地方検察庁の検事に対して事件性なしという形で事件を送致したという公権力の行使が違法であって、それで遺族である告訴人が精神的損害を被ったという構成です。

何が違法かということですが、捜査を尽くさないで事件性なしという意見をつけて検察庁に送致した行為が違法という構成です。国家賠償法における違法というのは、公権力の行使が裁量権の範囲を著しく逸脱した場合に違法となります。

今回の場合は、捜査を要望したにもかかわらず、その捜査を尽くしてない、特に告訴した後にもいろいろな要望をしたり書面も提出しているのに、遺族から話を聞いたぐらいで、調書も作成されていないし、他の法医学者に聞くなどの捜査もしていない、X子とかZからも調書を取っていないとかいろいろあると思います。

長官の発言が前提だとは思いますが、必要な捜査を尽くさないで検察庁に送致したのが違法だ、という評価です。

東京都に対して国家賠償請求訴訟をした場合、主張の根拠となる証拠が必要ですが、捜査関係の記録は原告にはありません。しかし、その場合には、その裁判の手続を通して検察庁に対して裁判所が記録を取り寄せることが可能であり、その中から開示を受けられ、これを証拠にできる可能性があるのです。こうして本件の実体にある程度迫ることができますし、検察庁の捜査にプレッシャーを与えることができます。

告訴状が出て、一か月も足らずして送致したということは捜査を尽くしてない、そこに絞ってもいいと思います。

国家賠償ですけど、被告は国ではなく東京都です。国家公務員の場合は国ですけれども、警視庁職員というのは東京都の地方公務員ですから、この場合は東京都になります。この場合の国家賠償を請求できる人は誰かというと、告訴人に限定されます。遺族全員が被害者と言えるかどうかというのは議論の余地があると思いますが、確実なのは、告訴人の遺族です。告訴状を提出した人の名前でやるということです。

もっとも、送致行為が公権力の行使と言えるのかどうかという点は争点の一つになるかもしれません。

検察の捜査を前に進めるもう1つの方法として、担当検事の名前が何かの形で拡散される方法があります。拡散されると検事には結構なプレッシャーになると思います。

あの検事どうなのかとか、頑張れよ、そういう応援などのコメントがいろいろなところで出てくると、やはり変な対応はできなくなると思います。

担当検事の名前が分かるのは告訴人でしょう。例えば、遺族が発信するXなどで、名前が何らかの形で表に出ると、それはかなりのプレッシャーになると思います。

検事が本当にきちんと適正な捜査をするかどうかということは、国民は関心を持っているわけですし、その事に対する評価の問題も出てくるでしょうから、検事とすればむしろ励ましのコメントが国民からたくさん出たら嬉しいかもしれません。

まとめますと、これから検察を動かす方法としては、

① 遺族が検事と会って、死因など訊きたいことや要望を書面で提出して説明を求める
② 虚偽公文書作成罪、同行使罪での告発
③ 東京都に対する国家賠償請求訴訟の提起
④ 日弁連から会長声明を出してもらう
⑤ 担当検事の名前を拡散して励ましの応援メッセージを出していく

ということが考えられると思います。

もっとも、私が見る限り、遺族代理人の弁護士はよくやっていると思います。

第13章　私が担当検事ならば…

リスクマネジメント・ジャーナル　第210回

2024年1月18日公開

◆捜査体制の確認をする

事件は2023年12月14日に検察に送致されたようですので、これからは検察が主体となって捜査することになります。私は元検事でしたので、私が担当検事だったらどのように捜査するだろうか、ということについてお話ししたいと思います。

事件が警察から検察庁に送致されてきたのですから、元々あった検察事件と警察事件がようやく2つ揃ったということになります。

考えられる捜査とすると、2つの方法があります。独自捜査、すなわち、検事が警察に一切タッチさせずに自分たちで関係者と連絡を取って事情聴取するというやり方と、警察に捜査指揮をしていろいろな証拠を収集してもらうという方法があります。

私であれば、大塚警察署から事件が送られてきていますから、大塚警察署の担当係長と課長に一度私の部屋に来てもらい、今までの捜査経緯などを聞きます。可能であれば、捜査一課も関与しているので、捜査一課の係長と管理官にも来ていただくでしょう。その際、警察は、この事件は大塚警察署が送ったのだから捜査一課は関係ない、どうして捜査一課の係長や管理官が行かないといけないのか、と言って抵抗することが考えられます。つまり、警察としてもう捜査をやる気がないのであれば、おそらく今後の窓口は大塚警察署であって、捜査一課は関係ないというスタンスを取ることです。

とはいえ、今までの捜査の流れからすると、捜査一課が絡んでいて、遺族に対する説明も捜査一課の係長がしたことがあったと思います。ですから、遺族との関係なども含めていろいろと話を聞きたいということであれば、捜査一課の係長や管理官も来ると思います。

何のために警察に来てもらうのかというと、どういう体制で検察に協力してくれるのかということについて組織としての意見を聞くためです。警察は今回送致したときの意見として、普通なら「厳重処罰」などと書きますが、マスコミの報道によると、「しかるべく」という意見をつけたということです。これは、検事が起訴しようが不起訴にしようがそれは検事にお任せします、という内容です。

ですから、私が検事なら、警察に対し、警察がつけた送致意見の「しかるべく」ということに警察はこだわるかどうか、また、送致記録の中の捜査報告書に書いてある内容、実際どのように書かれているのか分かりませんが、仮に「自殺と考えて矛盾はない。」というようなことが書かれていたならば、その捜査結果にこだわるかどうか、ということを訊きます。

こだわると言うのでしたら、こだわること自体おかしな話ですから、どうしてこだわるのかその理由を尋ねます。もしこだわらないと言うのであれば、では、今後、捜査に協力してもらいたい、ということで、大塚警察署だけでなく捜査一課も巻き込みながら今後の捜査ができるような捜査体制を構築してもらうようにします。これが先だと思います。

この場合、担当検事は一人だと思います。検察が重大事件だと考えているのであれば、主任検事に応援検事を1名か2名、あるいは応援検事1名に副検事1名という体制を取ることがあると思います。

元々警察が事件を送ってきた場合、警察としては送致したからこれで終わりではないので、捜査一課が全く無関係だという形にはさせたくありません。一応、窓口は大塚警察署の係長になるのか、窓口自体も捜査一課の係長にするのか、その辺は警察内部で決めてもらいます。と言っても、警察が実際に捜査してくれるのか。捜査することになると警察もそれに人を割かないといけませんから、場合によっては「いやいや、うちはそんなことできませんよ。」と断られる可能性もあります。警察とするともう終わった事件だと思って「しかるべく」という意見を付けて送致したのですから、「あとは検事でやって下さい。」という考えだと思います。

大塚警察署の人員だけではこの事件の捜査は今後は無理だというのは、私が主任検事なら分かりますから、なんとか捜査一課を逃さないように、最初の段階で、先程言ったように、この「しかるべく」との意見にこだわるのか、「自殺と考えて矛盾はない。」という警察の今までの捜査結果にこだわるのか、ということを確認した上で、おそらく警察はこだわらないと言うしかないと思いますから、その言質を取って、捜査一課が逃げないようにやっていきたいと思います。

警察の協力がないと先には進めないわけでもありませんが、最悪の場合には、捜査一課は入らずに大塚警察署だけでというのであれば、これは仕方がないので、それを前提としてやっていきます。いずれにしても警察の体制をどうするのかということをまず初めに考えます。

◆証拠物の確認をする

それから記録だけでなく証拠物が来ていますから、私であれば、もちろん記録を読みますけども、証拠物の現物も検討します。例えば、刃物が押収されているのか、1本なのか複数なのか、種雄氏が着ていたと思われる着衣がいったいどの辺がどのように切れているのか、どのように血がついているのか、そういう状況を見て、もし必要とあれば新たに鑑定に出すことも考えられます。ですから、証拠物を検討するというのが次だと思います。刃物や衣服以外にもいろいろあると思うので、その証拠物をとりあえず全部見て精査します。

場合によっては、証拠物は警察署に保管された「庁外保管」のままであるときがあります。そのときは、なるべく早く検察庁に送らせるか、検事自ら警察署に行って証拠物を検討すべきでしょう。

◆死因

今回、まずやらなければならないことは、死因の究明です。死亡した原因が何なのか。犯人が誰かという問題に入る前に、そもそも警察は「自殺と考えて矛盾はない。」との意見だと思いますから、死因の究明が大事だと思います。

そこでまずは、司法解剖に当時立ち会った検事がいるのでしたら、その検事が東京にいようが地方にいようが、とりあえずヒアリングします。そして、司法解剖した東大の医師に直接事情聴取します。検事の部屋に来てもらうというよりは、こちらから出向いていって説明を聞きます。その上でさらに、２人程度の他の法医学者からも同じように意見聴取したり鑑定してもらいます。

鑑定に出すと、結果が出るまで、二～三か月ぐらいはかかると思います。特に聞きたいのは、薬物を摂取したことによる錯乱状態で自殺した可能性があるのか、ということになると思います。そうすると、薬物の摂取が、種雄氏が死亡した後に摂取された可能性があるのかという点、あるいは、刃物が体に刺さるどのくらい前に薬物が摂取されたといえるのか、薬物摂取の方法が注射なのか、飲んだのか、その辺を法医学者から話を聞いて検討することになります。

種雄氏が亡くなったときの毛髪がどの程度残っているのか、その毛髪について鑑定しているのかもチェックします。毛髪鑑定では、毛根が残っているので、種雄氏が薬物をどのくらい前から使っていたのかがある程度分かります。それを当時鑑定しているのかどうか、鑑定していなければ、それはなぜかということも含めて、当時の科捜研の方であるとか、司法解剖の医師にも聞いてみます。

他に、死亡推定時刻が4月9日午後10時頃と死体検案書に書いてあったと思いますが、その死亡推定時刻は、どのような理由から出したのかも、解剖した医師やその他の専門家から聞きます。

これまでも話してきましたが、死体検案書は2つありました。一番最初の死体検案書がどのような経緯で作成され、その死因欄の自殺の欄にチェックが入ってなく、「不詳」としている理由も是非聞きたいと思います。その過程の中で、死体検案書を作成した医師に警察から何らかの圧力があったのかどうかについても聞きたいところです。

◆事情聴取

あと、現場の写真というのが記録の中にありますから、血がどこにどのようについているのか、部屋の中がどの程度乱れているのか、乱れていないのか、音が隣の部屋とかにどの程度聞こえるような部屋の構造になっているのか、ということも検討します。その上で、順番がありますが、いきなりいろんな人から事情聴取するということは私はしません。

私の場合だったら、まずは佐藤誠氏からヒアリングします。それは、佐藤誠氏が捜査をしてきたので、その具体的内容を教えていただくだけでなく、どこにどのような問題点があったのかということを把握したいからです。

その後に、事件発生当時の大塚警察署の係長、もう退職されていると思いますけれど、何らかの形で連絡を取って事情聴取をします。つまり、どういう捜査をして、例えば自殺した可能性があるとかを父親に言ったとか言わないとかいう話もありますから、はたしてそのような事実があったのかどうかも含めて、当時の状況、例えば防犯カメラの関係の捜査をしたのか、していないとすればなぜなのかも含めて、非難するということではなくて客観的な事実を聞きたいと思います。

あとは、前後して、どこかの段階で警視庁の捜査一課の前の参事官の井ノ口氏からも話を聞きたいと思います。

その後で、家族、遺族の方から、個別にお話を聞き、自殺の可能性がどの程度あるのか、薬物と種雄氏との関係、あとはX子、Z、Yなどにいろいろ聞きたいことが山ほどあります。遺族の方もたくさんお話したいことがあるでしょうから、それも時間をかけて聞くことになると思います。

一般的な捜査とすれば、種雄氏に生命保険金がかけられていたかどうかも調べます。生命保険金が実際に支払われているのか、受取人は誰かもです。自殺の可能性となると、保険会社は自殺と判断すれば保険金は支払わないはずです。そのような約款になっていると思います。また、トラブルも出てきますので、種雄氏が亡くなることによって誰に経済的な利得があったのかということも考える必要があります。

それからX子、Y、Zです。X子とYは当時お付き合いがあったのかどうか、X子や他の家族の口座の銀行口座の動き、当時どのようなお金の動きがあったのか、携帯電話の受発信状況がどうだったのかも捜査します。

話は前後しますが、種雄氏の胃袋の中の内容物が何か、つまり何を食べていたのかということも大切です。当日の種雄氏の足取りがある程度分かりますし、関係する周辺の方々のいわゆる前足、種雄氏が亡くなるまでの当日の行動、亡くなった後の行動、数日間の行動とその裏付けがどの程度取れているのか、それが今後どの程度警察の補充捜査でできるのか、とかも考えながら進めていきます。

死因が第三者によって刺された可能性があるということであれば、どこかの段階でX子、Y、Z、Xの家族、その他いろんな方々の本格的な事情聴取をするだろうと思います。

事情聴取といっても、いきなり詰めてやるのではなく、それぞれの話をオープンマインドに聞く、追及しないでどうだったのかということを聞いた上で、後でその話の内容にどこか矛盾点がないかとか、客観的な証拠に合っているのか、不自然なところがないかどうかを検討しながら進めていくでしょう。もし捜査に協力しないのでしたら、前から申し上げている刑事訴訟法226条の証人尋問請求をするとか、結構盛り沢山ですから、そう考えると、捜査には一年くらいはかかるという感じがします。

できれば、捜査一課に協力してもらって進められると、割と早く進められます。

あとは検察と警察の役割分担だと思います。同じことを警察にやってもらっても時間が無駄なので、今までやってないような新しいこと、例えば種雄氏の交友関係の方々の事情聴収、遺族の話、近所の方々を事情聴収して調書を取ってもらうということは警察にお願いするでしょう。そこは警察と話し合った上で決めたいと思うし、警察がやらないというのであれば、少なくとも大塚警察署は送致している警察署ですから、検事の指揮に従わないことになると、嫌な話ですけど、警察官の懲戒処分の問題にもなってしまいます。あるいは、警察がやると言っても、やったふりをして全然進まないとなると困りますので、警察の上層部と地検の上層部でやり取りしてもらった上で対応してもらうことも考えるでしょう。

◆誰のためにやるのか

これまで話した内容の捜査は、警察が2018年の再捜査のときにやっている可能性がありますので、やっていない部分については補充捜査をお願いするということになります。事情聴取されていたとしても、全く書面化されていないという可能性もあります。誰が調べられていて、どうなっているのかというのは、警察から聞かなくてはなりませんが、佐藤誠氏が一番よくご存知だと思いますので、佐藤誠氏にその辺を聞いた上で進めていくことになります。そういう意味では、佐藤誠氏は非常に大きな存在になるでしょう。

この事件の捜査をするとき、誰のためにやるのかということについてはいろいろな考えがあると思います。佐藤誠氏は遺族のためだと言っていました。しかし、私は、遺族のためでなくて、亡くなった種雄氏ご本人のために捜査するという思いです。

私のような考え方は、他の検事も大体同じだと思います。亡くなった人の無念さというのを生きている我々がしっかり受け止めて対応することです。ですから、それなりに正義感がしっかりあって、真摯に向き合ってやると思います。遺族のためとか他の家族のためとかと思うと、少し変なことになってしまう可能性がありますが、亡くなった人の無念さを晴らすためだという思いで捜査すれば、軸はぶれません。ですので、担当検事には是非そのような気持ちを持ってやってもらいたいと思います。

私たちは、周りで検察を見守って、応援する、頑張れよ、とそれが大事だと思います。ただ、風化させないために、節目節目で我々もいろいろと声をあげることが大切だと思います。

第14章　下山事件との類似性も⁉
なぜ今、陳述書なのか？

リスクマネジメント・ジャーナル　第220回

2024年3月9日 公開

◆なぜ、今なのか？

『週刊文春』によれば、今年の3月5日に佐藤誠氏の陳述書が地検に提出されたとのことです。しかし、なぜ今頃なのでしょうか。検察庁に送致された直後でも陳述書を提出することは可能だったと思います。なぜこの時期だったのかなというのが疑問です。そこから読み取れることを少しお話したいと思います。

なぜ3月5日に陳述書が提出されたのかというと、佐藤誠氏がこのままだと3月中に事件が不起訴になってしまうのではないかということをかなり恐れたからだと思います。もっと前に陳述書を出すことは可能でしたが、出すタイミングというか、手段というか、そこがつかめなかったと思います。しかし、3月上旬になって、もうギリギリではないかということで出されたのではないかと思います。

今回の事件の担当検事は、警視庁管内の5方面を担当する検事ではないかと思っていました。大塚警察署を担当している検事です。ところが、実はそうではなく、担当している検事は刑事部の本部係検事のようです。本部係検事というのは、捜査本部が設置されていて、まだ犯人が捕まっていない事件について、警察を指揮しながら主任検事としてやっていく立場の人であり、検察の中でもかなり要の検事になります。

本部係検事が担当しているということは、捜査一課が、うちはもうやらないよとか事件性なしということで送ったと言っても、もはや逃れられないはずです。本部係検事がやるということは、今回初めて本部係検事として担当になったのか、これまでも事件発生以来、実は事件として相談を受けていたり、検察事件を担当していたのか、その辺のことはよく分かりません。しかし、少なくとも今は本部係検事がやっています。この検事は12月下旬に告訴人とお会いしたようですが、私は、その後、死体検案書を作成した医師や他の法医学者に話を聞くのに大体二か月くらいは時間がかかるだろうと思っていました。しかし、その期間は既に過ぎています。

そして、この本部係検事はおそらく4月1日付けで異動してしまうおそれがあります。そうすると、検事がその前に被疑者不詳で嫌疑不十分を理由に不起訴にしてしまうおそれは十分考えられるのです。ですから、佐藤誠氏は、その辺も意識して、自分の陳述書がこの段階で提出されれば、検事はこれを読み、その内容を踏まえた捜査をしないと不起訴にはできないよということの注意を喚起させるために、3月5日というギリギリの時期に提出されたのではないか、というように思いました。

もし先に地検が佐藤誠氏から話を聞いているのであれば、佐藤誠氏の陳述書が出される必要はないわけです。今回の陳述書は『週刊文春』を通じて公表されているので、検事から呼出しを受けて事情聴収を受けている人がその内容を週刊誌を通じて公表することはありえない話です。そのことは、これまで捜査を経験してきた佐藤誠氏もよく分かっているはずですから、今回こういう形で陳述書が公表されたということは、少なくともその前には佐藤誠氏は地検から事情聴取されていないことの一つの証しだと思います。

地検からすると、『週刊文春』で報道されている佐藤誠氏にアプローチすると、全部漏れてしまう、そういうリスクを感じるのではではないかと思う人もいるでしょう。しかし、佐藤誠氏は捜査一課でこれまで活躍されてきた元警察官であり、漏らすことによって捜査に支障をきたしてしまうということはよく分かっている方ですから、それはないと思います。

私が一番大事だと思うのは、報道されることよりもしっかり検事に捜査してもらって、事件性があるということを認定してもらった上で誰が犯人かということを突き止めてもらうことにあります。

一つ気になったのは、検察に提出された陳述書が7枚という点です。意外と少ないです。

例えばX子を調べた際の取調べの状況というのは調書にはしていないはずですから、X子の言動についてであってもかなりの内容でなければならないです。Yについてもそうですけれども、それについて陳述書を作るとすれば、それ一つだけでも相当の枚数の陳述書だと思います。それを今後佐藤誠氏があえてさらに陳述書として出すとは思えません。

おそらく地検から事情聴取を受け、その中で話すことになると思います。

検察の捜査がどの程度進んでいるのか分かりませんが、次なる問題は、虚偽公文書作成罪、同行使罪での検察庁への告発だと思います。

これを誰がやるのが適任かということになると、告発だから誰でもできますが、私は佐藤誠氏が最も適していると思います。虚偽性は何かと言ったら、今回の陳述書の中にもあるようですけれども、送致書やその中の捜査報告書等の中に事件性があるにもかかわらず事件性なしと書かれたことであり、これが大塚警察署の署長名で地検に送られたことから、大塚警察署の署長は虚偽公文書作成罪、同行使罪に抵触する可能性があると考えられます。

あと、事件性あるなしという部分以外にも、どういう捜査をしてきたのかということを、特に佐藤誠氏が捜査から外れてから地検に対してどのような報告をしてきたのか、ということについて、その捜査経緯について事実と違うことが書かれている可能性もあるわけです。それが分かるのは佐藤誠氏ではないかと思うのです。

そこは、地検の検事の佐藤誠氏に対する事情聴取の然るべき時期に、佐藤誠氏が虚偽公文書作成罪、同行使罪で大塚警察署の署長らを告発すると、その捜査の中で、係長等告発された末端の者に司法取引を適用して、一番悪いというか大元の者をしっかり処罰する方向で捜査が進められるように、その点は最終的には佐藤誠氏に期待したいと思っています。

担当検事が人事異動で出てしまう可能性もありますので、新しい本部係検事から佐藤誠氏に連絡が来るとすれば、4月下旬かゴールデンウィーク明けの可能性があります。しかし、それでも何らの連絡がなければ、どこかのタイミングで虚偽公文書作成罪、同行使罪での告発をやった方がいいと思います。

◆下山事件との類似性

そういえば、以前に本件と似たような経緯をたどった事件がありました。それは昭和24年に発生した下山事件です。これは、昭和24年7月5日朝に国鉄総裁の下山氏が出勤途中に失踪し、6日未明に国鉄常磐線北千住駅綾瀬駅間と東武伊崎線との立体交差部のガード下付近で轢（れき）死体で発見された事件です。

死因は、下山氏が列車に轢かれたのか、死後轢断か、つまり生前に列車に轢かれて死亡したのか、それとも死後に轢かれたのか、が問題となりました。死後轢断ということであれば、下山氏は列車に轢かれる前に殺されていたということになり、そうでなくて列車に轢かれて死亡したのであれば、自殺の可能性があるわけです。当時、他殺か自殺かということで、マスコミもそうですけれども、捜査員の中でも意見が分かれた事件です。下山事件は有名なので小説にもなっています。

当時は殺人罪に15年の公訴時効があったので、この事件は昭和39年に形の上では時効になっています。

実はこの事件は、新しい刑事訴訟法になって間もない頃に発生したものですが、当時、警視庁には捜査一課と捜査二課がありました。今の捜査二課は知能犯事件関係の捜査をしますが、当時の捜査二課はいわゆる公安関係を扱っていました。そして、捜査一課は自殺の方向で捜査し、捜査二課は他殺の方向で捜査していたのです。もちろん検察庁も動いていました。当時の主任検事は、後にロッキード事件のときの検事総長を務められた布施健氏でした。

不思議なのは、事件が7月5日に発生しているのに、なんと一か月後の8月にもう捜査一課が自殺の方向で結論をまとめようとしていたのです。これに対して、捜査二課は、他殺の方向でいろいろと捜査を継続したのですが、捜査一課の幹部が当時の上層部に働きかけたようで、捜査二課の担当者が12月頃に人事異動で捜査から外れ、それだけでなく、「下山白書」という警察がまとめた報告書のようなものが12月頃に一応作られ、それが翌年1月に文芸春秋社から外に出てしまいます。この下山白書の結論は、自殺です。

これは別に警察が公式に発表したものではないのですが、いずれにしても、遅くとも警察は12月頃には非公式ですけれども、自殺と判断したのです。早いですね。7月に事件があったのに、8月あるいは12月にもう自殺と断定しているわけです。

事件性なしということです。それを検察庁に送る前に既に警察が自殺と踏み込んで判断しているのです。当時の捜査二課と地検が他殺の疑いがあると思って捜査しているにもかかわらずです。

それと今回の事件がすごく似ている感じがしています。事件性なしという形で地検に送るということがどういう意味なのか、しかも警察庁長官が送致前に発言したことがどういう意味があるのか、ということは多くの国民が疑問に持っているわけであって、そこは地検としては無視してはいけないと思います。

種雄氏不審死事件については地検において本部係検事が担当しているというところに期待したいと思います。現時点で捜査は尽くされていません。佐藤誠氏の陳述書でも、法医学者から自殺は考えられないという意見書が出されたとも書いてありました。

ですから、このままで事件性なしにはならないはずです。さらにその次に進んで、結局誰が犯人なのか、ただ当時の証拠が集まらないということで、場合によったら最終的に嫌疑不十分で不起訴になる可能性は非常に強いのですけれども、そうなると、犯人はもう捕まらないということになります。そこで、最後の手段として、私は何度も申し上げていますが、刑訴法226条の第一回公判期日前の証人尋問の制度を使ってほしいのです。

第一回公判期日前の証人尋問で、偽証罪の制裁の下でX子、Y、Zとかさまざまな関係者を呼んで尋問することです。その結果、事件性がないとか、事件性は認められても犯人が特定できない、ということになれば仕方がありませんが、やはりやるべきことは最後までやってほしいと思います。警察の判断とは別に、私と同じような考えを持っている検事はいるはずです。

今回、地検に佐藤誠氏の陳述書が提出されたということは、そこで終わってしまったら不起訴になってしまう可能性があるから、そうしないでくれ、自分を事情聴取してくれ、ということのメッセージも込めているのだと思います。

第15章　検察捜査の「現状と展望」

リスクマネジメント・ジャーナル　第２２５回

２０２４年3月24日公開

◆本部係事件

本日は、検察捜査の現状と展望ということでお話しします。

遺族が検察庁に行って担当検事とお話をしたのが確か12月下旬だったと思います。本来、順番から言うと、事件性があるかないかというのがまず最大のポイントですから、死因がどうであったのかということについて、死体検案書を作成した医師とか、法医学者複数名から話を聞きなさいと、私はこれまでお話ししてきました。それには大体二か月くらいかかるとも申し上げました。

実はこの二か月間、本部係検事が担当していた事件にどんなものがあるのかということを調べてみますと、今年の2月14日に浅草警察署に捜査本部が設置された捜査一課の事件で、4歳の次女に対して有害物質を投与して殺害した容疑で父親と母親が逮捕された事件がありました。これについては、3月6日に一旦処分保留で釈放になった後、今度はこの夫の姉を殺害した容疑ということで夫妻が再逮捕され、その身柄拘束期間の満期が大体3月末になると思いますが、数日前の報道によると、この夫婦については、最初の事件と合わせて精神鑑定のために鑑定留置の請求をするということです。そうすると、本部係検事は、この一連の事件の捜査に忙殺されていると思われます。

また、2月19日に捜査一課長が変わりました。では、なぜ2月14日にこの事件について警視庁が逮捕したのかというと、大体警察は、捜査一課長が変わる前に最後に大きな事件で強制捜査をするからです。

ですから、捜査一課から本部係検事に対してこの事件の強制捜査のリクエストがあったのではないかと思います。

検事は、最初の事件だけではなく、2番目の事件も含めて日程を考えますので、4月1日に検察庁の定期人事異動があるということを考えると3月末に処分しなければならないと逆算して考えるわけです。そうすると、警察が言っている2月14日がギリギリのタイミングだと考えてゴーサインを出して逮捕に至ったのだと思います。

そして、検事は、自分で身柄も取り調べなければならないし、参考人も取り調べなければならない上に、着手報告、処分報告などいろいろな書類を作成して上司の決裁を受けますし、東京高検や法務省にも報告しなければならず、かなり忙殺されるわけです。

ですから、この事件だけでも重大で大変な事件ですので、種雄氏不審死事件について同時並行で捜査するということはかなり無理な状況にあると思います。

そう考えると、種雄氏不審死事件についての捜査はなかなか進んでいないのではないかという感じがします。捜査本部が設置されている事件は、東京地検の本部係検事がゴーサインを出さないと警察は強制捜査できないという暗黙の了解があります。強制捜査は警察単独の判断でしようと思えばできますが、重要事件の場合には、収集した証拠によって裁判で有罪にしなければならないので、証拠収集方法に問題があると困るわけです。ですから、警察は事前に検事と連絡を密に取って、検事からいろいろな問題点を指摘され、それをクリアしてそれで初めてゴーサインが出る、という流れになるのです。そう考えると、種雄氏不審死事件についての検事の捜査は2月中旬からはほとんどできていないと思います。

1月から2月の間に法医学者関係の捜査がどの程度進んでいるのか、これは分かりません。ただ、確か『週刊文春』の記事にあったと思いますが、東海大学名誉教授の大野先生という非常に著名な法医学者の先生が、死体検案書の内容について、自殺ということはちょっと考えられないとか、薬物の影響で錯乱状態になっても自殺したということもなかなか考えられないというようなコメントをしていたと思います。

そうすると、少なくとも、地検がこの大野先生に意見書の提出を求め、大野先生がこのような内容の意見書を書いて提出するとか、検事が大野先生に事情聴取することになれば、大野先生の見解は非常に大きな証拠になりますので、そうすると事件性がないとは言えないと思います。ですから、最終的には事件性ありということで地検の捜査は進んでいくのだろうと思います。

検事は、1月は送致記録を読んだりしていると思いますが、先程の浅草警察署の事件とかさまざまな事件の相談も受けていると思いますので、そのような中で本件の捜査を進めるのは難しいように思います。ですから、4月1日の人事異動で新しく来る本部係検事がこの事件の捜査を引き継いで、佐藤誠氏の陳述書も読んで捜査を進めていくのではないかという気がします。

ところで、警察は今まで事件性なしということで送致してきたわけですが、もし地検が法医学者の見解などの証拠に基づいて事件性ありという判断になれば、警察としては動かざるを得なくなるでしょう。

事件性なしという前提が崩れるからです。新しい捜査一課の課長は、就任会見で、捜査一課の捜査というものは被害者の無念を晴らすためにやらなくてはならない、というようなことを言っていました。であればなおのこと、種雄氏不審死事件について検事の指揮を受けながら被害者の無念を晴らすために捜査してくれるものと期待したいわけです。

しかし、ここで改めて考えなければならないのは、ではなぜ警察は送致前に大野先生からヒアリングするとか大野先生に意見を求めるようなことをしないで検察に送致したのか、ということです。そのこと自体すごく不自然でおかしいと地検も思うでしょう。

そうすると、検察は、最終的に誰が犯人であるのかということの解明に向けて、関係者の取調べを進めることになると思います。

この捜査というのは、おそらく捜査一課を通じて関係者の取調べをすることになると思います。警察はそれを拒むことはできないはずです。送致後に事件性があるという検察の判断になってしまったのであれば、ということです。そういうことになると、夏までの間にはある程度参考人の取調べをして、犯人が誰かということも絞り込んだ上で、強制捜査ができるかどうかの検討に進むものと期待したいです。

夏までというのは若干期間的には厳しいかもしれませんが、私はそのぐらいの時間でやれよと言いたいです。

◆どうしてこのような捜査の仕方になってしまったのかを追及する

振り返ってみますと、この事件について警察庁長官が昨年7月13日に事件性を否定する発言をしましたが、警察の立場からすると、あんな発表はしなかった方がよかったわけです。週刊誌で報じられただけの段階なのに、慌ててやったように思います。本当は発表しなければよかったし、そうすれば送致もしないままにできたかもしれません。まだ犯人がよく分かりません、ということで塩漬けにするということです。

ところが、なぜあの段階で警察庁長官が発言したのかということになると、警察の中での何らかの自分たちの利益、目先の利益にとらわれてしまって、検察の存在を忘れておざなりにしてしまったのではないでしょうか。

警察は、組織であったとしても、必ずしも組織の下の者の中には納得していない人もいると思います。納得してないからこそ、『週刊文春』にリークした人がいるのではないでしょうか。個人は組織を守るために頑張りますけれども、逆に組織は個人を必ずしも守らないという現実もあるわけです。そういうことを考える必要があると思います。

地検は、いずれ佐藤誠氏から事情聴取すると思いますが、これまで話してきたように、佐藤誠氏には虚偽公文書作成罪、同行使罪での告発を是非お願いしたいと思います。元捜査官が警察の作った書類について虚偽がありますよ、これを使いましたよということを告発するということはかなり大きな意味があるわけです。虚偽の書類を検察に出したということであれば、捜査で検察を騙したということになりますので、検察は無視できないと思います。

その虚偽公文書作成罪の対象となる文書というのは複数あると思います。送致書もそうですけども、その中にある総合捜査報告書であるとか、いろんな報告書が複数あると思います。ですから、虚偽公文書作成罪は、書面の作成年月日がそれぞれ違うと思いますので、犯行は複数あることになります。それらを行使するときは、送致記録として全部一緒にして行使していますから、行使罪の犯行は一つになります。

警察の書面に虚偽があるのか、ということは、佐藤誠氏が見ればある程度分かると思います。ですから、虚偽公文書作成罪、同行使罪の告発があれば、地検はこれを受理して、種雄氏不審死事件の捜査と併せて捜査すると思います。

種雄氏不審死事件について、犯人の特定が難しく、最終的には嫌疑不十分で不起訴になる可能性もありますが、そうすると、これで終わっていいのかということは当然地検も考えると思います。警察による不正、ごまかしということがあり、それによって証拠の収集が困難になったのであれば、それは警察の捜査に問題があるからです。そして、そのようなことに対して検察庁は嫌悪感を抱くわけですから、なぜ、誰が、どういう形で、こんなことしたのかということの解明の方に舵を切ると思います。

その辺は、捜査一課とか現場の警察官はよく分かっていると思いますが、それが警察庁という役人の組織になると地検の存在についてよく考えないで、長官のような発言になったのではないでしょうか。長官の発言は検察を軽視していると思います。

ですから、「検察は怒りなさい。あなた方は騙されている可能性がある。」と言いたいのです。事件性なしという形で送致されても、捜査して大野先生から事情聴取すれば事件性ありということになる可能性が強いわけです。

地検が虚偽公文書作成罪、同行使罪の捜査をする場合には、警察にあまり介在させないで、地検の方で内偵捜査を進め、最終的には、地検が大塚警察署であるとか、場合によっては捜査一課とか警察庁になるのか分かりませんけれども、捜索差押許可状に基づいて強制捜査に入る可能性も大いにあると思っています。

地検の検事は、正義感があります。特に警察に騙されたという場合には、これはやはり許さないということになると思います。そういうことを考えると、私はある程度、展望としては開けてくるのではないかと思います。

今度、先日話した下山事件についての番組が偶々NHKでありますけれども、結局、下山事件でも、殺人事件としての地検の疑いというものはずっとあったものの、それが活かされなかったという悔しい検察の気持ちのDNAは今の検事も引き継いでいるはずです。今度の番組は、検事の壮絶な戦いを映像化したもののようです。人生をかけて立ち向かった一人の検事の壮絶な戦い。これは当時の布施検事のことだと思います。4月1日から来る種雄氏不審死事件の主任検事にも、この壮絶な戦いを是非やってもらいたいと思います。

いずれ佐藤誠氏は地検から事情聴取を受けると思います。その中で、虚偽性についていろいろと話すと思います。そのときに地検の検事がどう判断するかです。こういう書類を見ていただけませんか、というように佐藤誠氏に見てもらえるように検事が動いてくれればいいです。佐藤誠氏は、もし地検の事情聴取の中で書類の虚偽性のチェックをさせてもらえなかった場合には、検事にその場で、追って告発します、というように言えばいいと思います。

私はこれまで、毎年警察から地検の方に一年間でこんな捜査したという照会の回答書が来ると言いました。その中に虚偽のことが書かれている可能性もあるので、その辺が分かればこの点も告発事実の中に含められると思います。

順番からすると、法医学者に対する地検の検事の捜査が先にあり、事件性の有無については大体5月末ぐらいまでにはある程度見通しがつくかなというように思います。

そうすると、佐藤誠氏については、その後の6月には話を聞くようになると思いたいです。


繰り返して言いますけれども、虚偽公文書作成罪、同行使罪の捜査においては、一応司法取引適用対象犯罪ですから、司法取引を適用して、一番悪い者の刑事責任について焦点を絞ってやっていただきたいと思いたいです。司法取引の対象になる人は、虚偽の書類を作成した人です。係長とかになるでしょう。行使罪についての実行行為者は、送致書の場合は大塚警察署の署長になります。本当はいろんな人が関与しているでしょうから、一応みんな共謀共同正犯ということになります。その辺を意識して事情聴取を進めます。そして、司法取引の適用対象犯罪としても、適用を受けられるためにはしっかりとした証拠を当該対象者が出すことが条件となります。これが出せなければ、供述しただけでは司法取引は適用されません。別に司法取引を適用しなくても結構ですけれども、地検としては、しっかりした捜査をして、誰が指示しているのかということを明らかにして刑事責任を追及してもらいたいと思います。

私の感覚では、夏までには何かの展開があるのだろうと思います。おそらく地検は主任検事1人では無理だと思いますから、刑事部の中で何人かの応援の検事をもらってやるということです。

もし強制捜査をやるということであれば、9月ぐらいかなという感じがします。その強制捜査というのは、種雄氏不審死事件の犯人の関係での強制捜査ということですけれども、そうではなくて、虚偽公文書作成罪、同行使罪の方で検察で認知立件して行うというのであれば、もうちょっと早い7月とか8月ぐらいの時点でやってもらいたいと思っています。

つまり、展開としては2通りあって、種雄氏不審死事件の被疑者に対する強制捜査の場合と、いい加減な捜査をして虚偽の書類を作成して行使した事件についての強制捜査の両方があり得るということです。どちらを優先してやるのかというのは分かりませんが、虚偽公文書作成罪、同行使罪の捜査の過程でその中から種雄氏不審死事件の実態が見えることもあるでしょうから、そういうことを考えると、プライオリティは虚偽公文書作成罪、同行使罪の捜査が先だろうと思います。そして、その究極の目的は、不審死事件の犯人を特定することにあるということです。

初動段階からおかしな捜査をしているのですから、その辺も含めて解明ができて初めて種雄氏不審死事件の犯人が誰かということが分かると思います。

そうすると、一番のポイントは、大塚警察署がなぜ認知した時点で捜査一課や本部の鑑識に連絡をしなかったのか、犯行の当日、Ｚが大塚警察署に行って自分の娘Ｘ子がＤＶにあっているという相談をしたというのが、具体的にどのような相談で、警察はどのように対応したのかについての証拠がどうなっているのか、ということが結構大事なことだと思います。

再捜査の途中で捜査が打ち切りになってしまった問題もありますけれども、初動の捜査がなぜこのような杜撰な捜査になったのか、というところが肝心だと思います。だから、警察がこの点の捜査をするのは難しいでしょう。自分たちがミスした可能性があるわけです。自分たちの考え方なのか 何かを隠蔽するためなのかも分かりません。そうするとそこは検察が乗り出して、この問題の本当の真相がどこにあるのか、どこに問題があったのかというのをしっかり捜査することは再発防止にもつながることになります。

それが検察の役割だと思います。検察は、原点に立ち返って捜査をやってもらいたい、おそらくやってくれるだろうと期待したいと思います。

第16章　大塚警察署によるもみ消し「疑惑」

決定的証拠はこれだ！

リスクマネジメント・ジャーナル　第２３２回

２０２４年７月４日公開

◆非常に重要な証拠「押収品目録交付書」

今回は、木原事件の初動捜査のときに、大塚警察署によるもみ消し疑惑についての決定的証拠がこれではないかというのを見つけたというか、考えているものがありますので、その点をご説明したいと思います。

この問題のポイントは、覚醒剤についての警察の捜査です。種雄氏の死亡推定時刻は司法解剖によると4月9日午後10時頃ですが、実際に遺体が発見されたのはその後の4月10日です。時系列的に言うと、その日の午前に霊安室で検視がなされ、翌日の11日午前に検察庁の令状請求に基づいた司法解剖が行われました。ですから、種雄氏が覚醒剤を使っていたのかどうかはこの司法解剖の結果が出ないと分かりません。

今回問題にしたいのは、その後の14日のことです。4月14日に種雄氏の自宅に警察官が来てそこで何かやっています。そこには種雄氏の父親、姉、それとZが立ち会ったということのようです。一部の方は、これを警察の実況見分と言っていますが、種雄氏の不審死事件では警察による実況見分も裁判官の検証令状に基づく検証も行われていません。

14日に何があったのかと言いますと、大塚警察署が裁判官に対して4月10日から13

日までの間に令状請求をして、これに基づいて捜索差押許可状を執行し、これに種雄氏の父親、姉、Zが立ち会ったようなのです。

この令状は、種雄氏の不審死事件やこれに絡んだ事件のものかと思ったら、どうも覚醒剤関係の証拠を押さえるための令状だったようです。つまり、種雄氏が生前に覚醒剤を使用又は所持した疑いについての証拠が自宅にあるのではないかということで裁判官から令状が出て、捜索に来たということなのです。

そして、14日は、種雄氏の自宅の机の上に「パケ」があったようで、これを警察が発見して、令状に基づいて差し押さえたか、あるいは、立会人から任意提出を受けて証拠品としているわけです。ただ、この証拠品というのは、令状の被疑事実として書かれてあった種雄氏の生前の覚醒剤取締法違反事件の証拠品としたのか、種雄氏の死亡後に発見した被疑者不詳の14日時点での所持容疑として任意提出を受けた証拠品なのかが問題なのです。

警察が証拠品化する場合には、令状に基づいて差し押さえても任意提出を受けても、必ず、押収品目録交付書を立会人に渡さなければなりません。「押収」というのは、強制的な差押えと任意提出を受ける場合のことを総称する言葉です。私が思うには、種雄氏の父親がこの押収品目録交付書を持っているのではないかと思います。もし持っているのでしたら、これは非常に重要な証拠ですので、これから私が話すことを参考にして今後の活動に使っていただきたいと思います。

◆令状の容疑は不審死事件ではなく覚醒剤取締法違反事件

薬物事件の捜査において、令状に基づいて薬物が警察に発見された場合には、その令状の容疑となっている過去の薬物事件の証拠品として押収するのではなく、発見された時点での誰かの所持事件として現場にいる者を所持ないし共同所持容疑で現行犯逮捕し、その証拠品として押収するのが普通です。もし、発見時に誰も現場にいない場合やそこに住んでいると思われる人がいなければ、立会人から任意提出を受け、被疑者不詳の所持事件として立件し、その証拠品とするのが通常の捜査のあり方なのです。

14日に警察が令状を取って捜索したのは、種雄氏の生前の覚醒剤所持又は使用容疑事件についての捜査と思われます。不審死事件の解明のために令状を取ったのではありません。

通常ならば、種雄氏は死亡しているので、亡くなった種雄氏の生前の覚醒剤所持又は使用容疑で立件して令状を取って捜索するというのは考えられません。

不審死事件の解明のために、現場にあった覚醒剤と思われる薬物を立会人から任意提出を受け、この不審死事件の証拠品として扱うか、14 日当日の誰かの所持容疑として立会人から任意提出を受けてこの所持容疑事件の証拠品として扱うかのどちらかしか考えられないのです。

警察は 10 日に現場に行っているので、立会人の承諾を得て、不審死事件の関係で部屋をくまなく見ているでしょうから、種雄氏の机の上に覚醒剤と思われるビニール袋は容易に発見されると思われますし、むしろ発見されない方がおかしいです。

それが、14 日になって初めて発見するのですから、通常であれば、種雄氏が亡くなった後に誰かが種雄氏の机の上に置いたと考えるのが自然です。特に、この日までこの自宅は現場保存されてなく、自由に出入り可能であったのですからなおのことです。

ですから、何のために警察は 10 日から 13 日までの間に種雄氏を被疑者とする生前の覚醒剤容疑を立件して令状請求をしたのか理解に苦しみますし、14 日に発見されたこのビニール袋を証拠品化するとしても、生前の種雄氏の覚醒剤容疑事件の証拠品として扱うのは無理があり、通常では考えられないのです。唯一考えられるのは、14 日時点での被疑者不詳の覚醒剤所持容疑事件を立件し、その証拠品として立会人から任意提出を受けることだけでしょう。

そして捜査を遂げた結果、袋の指紋も含めて誰の物か分からないということであれば、被疑者不詳の覚醒剤所持事件として検察庁に事件を送ることになります。そして、その前提として、種雄氏の自宅に住んでいるX子から尿や髪の毛を採取して彼女とこの覚醒剤との関わりについて事情聴取するなどは最低限度しておかなければなりません。そのような捜査を遂げて被疑者不詳の覚醒剤所持事件として送致することになるでしょう。そして、覚醒剤はその事件の証拠品になるわけですから、最終的には、検事がこの事件を被疑者不詳で嫌疑不十分により不起訴処分にするときに廃棄されることになるはずなのです。

ところが、この覚醒剤は、今言った被疑者不詳の14日の時点の所持容疑の事件の証拠品ではなく、種雄氏が亡くなる前の種雄氏の生前の覚醒剤容疑事件の証拠品として押収されているようなのです。

ですから、警察は、この覚醒剤の入ったビニール袋を種雄氏生前の所持又は使用容疑の証拠品として、その事件を立件して検察庁に送っているようなのです。

このようなことは実務では到底あり得ないことです。

また、この覚醒剤の観点で警察がX子から事情聴取したり尿や髪の毛を採取して鑑定に回している状況も認められません。なぜ警察はX子に対して覚醒剤についても基本的な捜査をしなかったのでしょうか。これも理解に苦しみます。

◆令状の被疑者は誰か

決定的証拠というのは、この押収品目録交付書のことです。

もし覚醒剤が14日の被疑者不詳の所持事件の証拠品として警察が証拠品化しているのであれば、この書面の中の被疑者誰それに対する覚醒剤取締法違反被疑事件というところが「被疑者不詳に対する」と書いていなければなりません。もし種雄氏の父親が持っている押収品目録交付書の被疑者の欄が「不詳」ではなくて「安田種雄」と書かれているのであれば、これは先程話したように明らかにおかしいのです。でも、そう書いているのではないでしょうか。

もしそうであれば、なぜ警察がこのような扱いをしたのでしょうか。

それは、種雄氏が自殺したと見せかけるために、後で覚醒剤を誰かが種雄氏の机の上に置いて立件して生前の9日の事件の証拠品にしないと、死亡前に種雄氏が覚醒剤を使って自殺したということにならないからです。警察は、今までの話ですと、司法解剖する前に、種雄氏は自殺したようなことを遺族に言っているわけです。司法解剖もしていないのに覚醒剤の使用が原因で自殺したなどと分かるはずはないですが、そういう発言をしてしまったので、それに合わせるストーリー、裏付け的なことをしなくてはならないため、あえてそういうことをしたのではないかという疑惑があるわけです。

そもそも、亡くなった人の生前の覚醒剤の使用、所持事件をあえて立件して送致することは忙しい警察はやりません。

ですから、押収品目録交付書は種雄氏の父親が持っていると思われますので、その内容をチェックし、もし私が言ったように「被疑者不詳」と書かれてなく、「安田種雄」と書いている場合には、これは非常に重要な証拠ですから、これを今回の不審死事件の証拠の一つとして、検察庁に任意提出してもらいたいと思います。

なぜ私がここまで言うかというと、そもそもこの令状で押さえた覚醒剤の事件の記録は既に廃棄されているからです。検察庁に事件が送られて何年も経っていますから、検察の記録は保存期間が過ぎれば廃棄になりますし、警察も記録の写しを既に廃棄しているはずです。しかし、押収品目録交付書が種雄氏の父親に渡されているのであれば、これはずっと残るわけです。警察はそこまで意識していないと思います。

不審死事件の担当検事がこの押収品目録交付書を見れば、これまで話してきたような疑問をいろいろと持つはずです。そうでなかったら検事として一体何を見ているのだと疑ってしまいます。

ですから、押収品目録交付書は、大塚警察署による揉み消し疑惑に関する非常に大きな証拠になると思います。もし私が言っているように、「被疑者不詳」ではなく、「被疑者安田種雄に対する」覚醒罪取締法違反被疑事件について14日にこの白色粉末のパケを押さえたというのであれば、それは明らかにおかしいので、これは重要な揉み消し疑惑の証拠になります。こう書かれていれば、是非検察庁に不審死事件の証拠として任意提出していただきたいと思います。

種雄氏不審死事件発生時の係長が誰であったのか、他方、この覚醒剤取締法違反被疑事件について令状を取って押収し、立件して検察庁に送致したときの担当係長が同じ人なのかどうかは全く分かりませんけれども、これも検察庁がこの押収品目録交付書を見ればある程度分かると思います。

押収品目録交付書には執行したときの担当の警察官の名前が書かれているからです。当時の警察官が仮にこの覚醒剤について不審死事件の証拠とする取扱いをしていない場合には、証拠隠滅の疑いが出てきます。このビニール袋に血痕が付着していたとすればなお重要な証拠のはずです。

もっとも、この証拠隠滅容疑は既に時効になっています。しかし、ここで終わらせてはなりません。担当検事が当時の警察官から話を聞くことになると、その元警察官は場合によっては当時の同僚らに電話するなどして口裏合せをしようとする動きをするかもしれません。仮にこういう口裏合わせの行動が出てくれば、それは新しい証拠隠滅行為になるからです。

新しい証拠隠滅行為は立件できるのですから、検察は何もしないで待つのではなく、どのように弁解されるとしても、捜査一課や大塚警察署を指揮して当時の係長ら押収品目録交付書に名前が書かれてある元警察官をこの件で調べるべきでしょう。

◆真実解明に向けて、検察には内部監査をしてほしい

以前、私は、検察は内部監査をしなさいということを言いました。種雄氏不審死事件が発生してから事件が送致されるまでの間、この事件について検察は一体何をしていたのかということの解明が必要だからです。警察は種雄氏不審死事件について監査することはないと思います。当時の覚醒罪取締法違反事件の記録は既にないし、当時の関係者も退職しているからです。しかし、検察の場合には検察事件が当時からずっとあるわけです。

当時、毎年警察から送られてくる捜査状況の回答書を見たりして検察は騙されていたのか、あるいは知っていて放置していたのか、という点について国民の大きな疑惑があります。検察はそういう疑惑があれば、検察内部で事件監査をすればある程度分かることが出てくると思います。是非、自庁監査、東京高検監査又は最高検監査をしてもらいたいと思います。

遺族も、監査の関係を聞いてみるべきです。監査しないのですか、なぜしてくれないのですか、などとしつこく言わないとなかなか動かないかもしれません。

検察事件について検察はこれまでどんな捜査をしてきたか。この点は検察とすれば一番聞いて欲しくないことでしょうが、やはり遺族に対して説明責任があります。

この点について、私は検察のことを責めるつもりはありません。

大事なことは、これからしっかりやってもらうことだからです。

検察は最後の砦ですから、本当に期待したいと思っています。

おわりに

私がＲＭＣＡチャンネルで話したときの視聴回数は８万回や11万回に達したり、視聴者からのコメントも多数寄せられるなど、この問題についての世間の関心が非常に強いことに驚きました。そして、私以外の様々な方々も雑誌、ユーチューブ、Ｘで発信を続け、その多くが私と同じように長官発言と警察捜査に強い疑問を持っていました。

そのような中で、私は、単に疑問を呈するだけではなく、捜査を前に進めるための具体的な提言を毎回話し、捜査機関が少しでも参考にしてもらえるようにと願ってきました。

しかし、送致からまもなく１年が経過しようとしているのに捜査の進展が見えず、時間の経過とともに世間の関心も薄れてしまった感があります。

この本は、当時話した内容を再構成して活字として残すことによって、捜査機関、特に検察に改めて真相解明のための糸口を見い出してもらうとともに、世間の関心が薄れないようにとの願いを込めて執筆したものです。

検察は、その原点に立ち返り、疑惑に怯むことなく、亡くなった種雄氏の無念さに強く思いを馳せて、誰もが納得できる捜査を尽くしていただきたいと強く願っています。

本書の出版に関しては、特定非営利活動法人日本リスクマネージャー＆コンサルタント協会、特に理事兼事務局長の相馬清隆氏と理事長の石川慶子氏、そして出版の機会を提供して下さった万代宝書房合同会社代表の釣部人裕氏に心から御礼申し上げます。

２０２４年11月吉日

村上　康聡

ＲＭＣＡチャンネルについて

世の中にはさまざまな事件事故が日々発生し、警察や検察によって捜査が進められ、私たちはマスメディアの報道でそれらを知ることになります。しかしながら、記者は専門家ではないため、事実を伝えることはできてもどうみたらいいのかといった視点や解決策の提言には限界があります。聞き手からすれば、疑問点が解明されず、曖昧なまま放置されてしまいます。そうなると、事件事故から教訓を得て自らの組織、自分自身の人生に生かしていくところまでつながらず、同じ過ちが繰り返されてしまいます。そこで、さまざまな問題についてリスク対応の実務家・専門家による深堀解説をするためにＲＭＣＡチャンネルを開設しました。

ＲＭＣＡは、Risk Managers and Consultants Association of Japan（日本リスクマネジャー&コンサルタント協会）の略称です。当協会は１９９３年に設立され、２００５年に内閣府認証の特定非営利活動法人になりました。活動の目的は、「広く社会にリスクマネジメントに関する情報を提供する」「日本社会に必要不可欠なリスクマネジメントの普及と定着に寄与する」です。ＲＭＣＡチャンネルは、情報提供の一環に位置付けられ、保険や広報、ＢＣＰ（事業継続計画）を基軸とし、実際の事件事故、不祥事からの教訓を取り扱っています。

「木原問題」は、私が担当している「リスクマネジメント・ジャーナル」という時事問題から組織と個人のリスクマネジメントを考える番組の中で取り上げました。２０２３年7月上旬における週刊文春の報道を発端に、たった一か月の間に、安田種雄さんご遺族の会見、警察庁長官の会見発言、木原夫人取調官による告発会見、と目まぐるしい展開でした。なぜ長官が会見でコメントする必要があったのか、初動捜査のミス隠しなのか、組織的隠ぺいなのか、内部告発者は守られるのか、など組織と個人のリスクマネジメントとしてもさまざまな観点から考えられるテーマでしたが、殺人事件となると、どこからどう見たらいいのか、手探り状況でした。

そこで、当協会の会員でもある村上康聡弁護士に解説をお願いすることになりました。初動捜査における問題の指摘に留まらず、遺族ができることや検察ができることについての内容は、大きな反響となりました。「素人にもわかりやすい解説をありがとうございました」「凄く難しいけれど勉強になりました。正義が大事なことだと思います」「村上先生のお話を聞いて国民として少し希望が持てました」「安田さんご遺族にこの解説が届き、道が開けますよう心底願います」と多くのコメントが書き込まれました。初回配信直後は10万視聴で、その後はゆっくりとではありますが、継続的に視聴数は伸び続け、現時点では12万視聴となっています。村上弁護士の解説はわかりやすいだけではなく、お人柄が溢れる口調の温かみも人気の要因だったと思います。本著を読めば、動画ではさらっと流れてしまった用語を文字で確認でき、内容をより深く理解できるでしょう。村上弁護士の解説は今も何時でも視聴ができます。おそらく事件が解決されるまで緩やかに視聴数は伸び続けていくだろうと予測しています。忘れず関心を持ち続け、考え続けていくこと。それがリスクマネジメントの思考訓練となり、大事な決断の時に役立ち、自分の人生を守り、組織のよりよいあり方につながっていくのではないでしょうか。

日本リスクマネジャー&コンサルタント協会
副理事長　石川慶子

【プロフィール】村上　康聡（やすとし）
昭和 35 年 2 月 山形県山形市生まれ。弁護士
〈職歴〉
昭和 53 年 3 月 山形県立山形東高等学校卒業
昭和 57 年 3 月 中央大学法学部法律学科卒業
昭和 58 年 4 月 最高裁判所司法修習生（37 期）
昭和 60 年 4 月 検事任官 東京地方検察庁
以後、那覇地方検察庁、那覇地方検察庁沖縄支部、東京地方検察庁、長崎地方検察庁佐世保支部、外務省総合外交政策局付検事、東京地方検察庁、千葉地方検察庁、内閣官房副長官補付内閣参事官（森内閣、小泉内閣）、東京地方検察庁刑事部副部長、福岡地方検察庁刑事部長等を歴任し、平成 18 年 12 月検事退官
平成 19 年 3 月 弁護士登録（東京弁護士会）
令和４年２月　東高円寺法律事務所開業

〈著作〉
一検事の目から見た小説『藪の中』の真相
（捜査研究 平成 9 年～平成 10 年 東京法令出版）
「海外の具体的事例から学ぶ腐敗防止対策のプラクティス：各国最新情報と賄賂要求に対する効果的対処法」
（平成 27 年日本加除出版）
元検事の目から見た芥川龍之介『藪の中』の真相
（令和 3 年 万代宝書房）

元検事の目から見た
「安田種雄氏不審死事件」の真相解明にむけて

2024年11月30日　第1刷発行
著　者　村上康聡
発行者　釣部人裕
発行所 万代宝書房
〒176-0002 東京都練馬区桜台 1-6-9-102
電話 080-3916-9383　FAX 03-6883-0791
ホームページ：https://bandaihoshobo.com
メール：info@bandaihoshobo.com
印刷・製本　日藤印刷株式会社

ISBN 978-4-910064-99-4 C0036

装丁　小林由香